R. LUZARCHE D'AZAY

Voyage

sur

Le Haut Nil

DU CAIRE AU CONGO BELGE

PARIS — MCMIV

Voyage

sur

Le Haut Nil

QUELQUES ÉLÉGANTS DINKAS

Voyage

sur

Le Haut Nil

DU CAIRE AU CONGO BELGE

PARIS — MCMIV

KHARTOUM. — PALAIS DU GOUVERNEUR ÉLEVÉ A L'ENDROIT
OU FUT TUÉ GORDON

PRÉAMBULE

Les voyages de Sir Samuel Baker, de Schweinfurth[1] et de quelques autres hardis explorateurs avaient à peine jeté quelque lumière sur les pays situés entre Khartoum et la région des Grands-Lacs que le soulèvement du Mahdi les

1. J'aurai à me référer souvent à l'ouvrage que ce savant et courageux voyageur écrivit à la suite de son séjour de trois ans (1868-1871) au centre de l'Afrique. J'ai

I

faisait rentrer à nouveau dans les ténèbres où ils se trouvaient plongés depuis le commencement des siècles.

Aussi, quand les Européens rentrèrent à Khartoum, le 2 septembre 1898, trouvèrent-ils la vallée du Haut Nil aussi fermée et plus sauvage même que vingt ans auparavant.

Depuis, le temps n'a pas été perdu. Mais, en Afrique, les obstacles de toutes sortes qu'on rencontre à chaque pas rendent toute marche en avant difficile et lente, et à l'automne 1902, cette région offrait encore au voyageur l'attrait irrésistible d'une excursion en pays presque inconnu.

C'est cette considération qui me décida à aller chasser là plutôt qu'ailleurs, et mon ami, le comte Armand de Pracomtal, s'étant joint à moi, nous partîmes de Marseille à la fin de novembre 1902.

eu, en effet, à traverser une partie des régions qu'il fut le premier Européen à visiter et à décrire et j'ai invariablement pu constater l'exactitude de ses dires, tant à cause de la sûreté de ses observations et de leur sincérité, qu'à cause de l'isolement où sont restées, depuis son passage, les peuplades que le Mahdisme a soustraites à l'influence de la civilisation. (Voir *Au cœur de l'Afrique*, 1868-1871, par le Docteur Georges Schweinfurth, traduction de Mme H. Loreau, Paris, Hachette, 1875.)

Préambule

Je me garderai bien de présenter le récit de mon voyage comme la relation d'une exploration nouvelle, bien qu'en traversant la province du Bahr-el-Ghazal j'aie parcouru, je le répète, des territoires sinon inconnus, du moins très peu connus. J'espère toutefois que les pages qui vont suivre pourront servir à ceux qui seraient tentés de visiter ces contrées à peine ouvertes aux Européens et sur lesquelles il reste tant à dire. Aussi, n'ai-je pas craint d'entrer dans un certain nombre de détails pratiques de nature à faire connaître les conditions d'une expédition semblable. Ainsi conçu, je souhaite qu'il atteigne au but modeste que je me suis proposé : faciliter à ceux qui voudraient l'entreprendre un voyage dans le bassin du Haut Nil.

Ceux-là pourront trouver dans ce récit des renseignements utiles : ils y verront quelles sont l'abondance, la variété, la richesse et aussi la pauvreté de régions hier encore prohibées à l'action de la civilisation, aujourd'hui pacifiées et mises en état, sinon de s'enrichir, du moins de se suffire à elles-mêmes.

Enfin et pour ne plus avoir à y revenir, je dirai

Préambule

tout de suite que mon voyage pourrait s'inscrire
dans un triangle dont Gondokoro serait le sommet,
Meschra-es-Rek et Nasser, les deux extrémités
de la base.

AUTRUCHES A GOZ-ABU-GUMA

CHAPITRE I

JE commencerai par un conseil : que ceux qui
se rendent en Égypte ne prennent jamais un
des paquebots des Messageries maritimes allant
de Marseille à Alexandrie. Ils sont vieux, souvent
malpropres, d'une lenteur désespérante; le pont a
l'inconvénient d'y être commun aux premières et
aux secondes classes; en un mot, ces bateaux ont
tout ce qu'il faut pour faire regretter au voyageur

inexpérimenté la préférence donnée à la marine nationale.

Mais si cet état de choses facilite la concurrence que la P. N. O. fait aux Messageries, les grèves continuelles qui, depuis quelques années, désolent le port de Marseille ne sont pas pour la diminuer. L'Internationale peut, en effet, mettre en joie certains de nos dirigeants; elle est loin d'avoir la même action sur les pauvres voyageurs en rupture de partance, qui attendent en se morfondant, le moment où il leur sera possible de lever l'ancre.

Si l'on ne craint pas d'aller s'embarquer en Italie, à Gênes ou à Naples, on trouvera dans ces ports des bateaux de la Nord-Deutscher Lloyd : ce sont actuellement de beaucoup les plus confortables touchant en Égypte. Quelques-uns d'entre eux jaugent 12000 tonneaux et leur grande longueur les rend moins sensibles à l'effort des lames courtes, mais très dures de la Méditerranée.

A mon arrivée en Égypte, j'ai été extrêmement surpris : le temps y était maussade, ce qui, pour la saison, pouvait être considéré comme tout à fait anormal. J'ai fait dans ce pays plusieurs voyages à cette même époque de l'année, et pour la première fois, j'y ai trouvé le ciel gris et pluvieux, l'atmosphère désagréable.

Je relève, en passant, cette observation : il me semble, en effet, étant données les conditions climatériques du pays, conditions qui amènent une alternance et une fixité si régulière dans les états météorologiques propres aux différentes saisons, qu'une telle exception doit avoir des causes intéressantes à rechercher. Ne serait-ce pas dû à l'extension du réseau d'irrigation qui augmente d'autant la surface d'évaporation ?

Tout concourait d'ailleurs à donner, cette année-là, aux villes égyptiennes un aspect mélancolique. Le choléra régnait, si bien qu'à mon arrivée au Caire, je trouvai cette ville à peu près vide : la crainte de la maladie en avait éloigné ses hôtes habituels. Ce fut pour moi l'occasion de vérifier un fait que j'avais déjà observé dans l'Inde et sur lequel il me semble utile d'appeler l'attention : c'est que, en pays chauds, les épidémies qui sévissent sur les indigènes sont infiniment moins dangereuses qu'on ne le croit pour l'Européen habitué à certaines observations de propreté et d'hygiène. Celui-ci a fort peu à craindre pour lui-même s'il ne partage pas la vie des habitants et ne se départ pas de telles précautions élémentaires, dont la principale est de s'abstenir de toutes crudités. Je puis dire qu'en ce qui me concerne, je n'ai jamais vu de blanc, soigneux de sa personne, devenir victime d'une de ces contagions qui, à distance, nous effraient par les hécatombes qu'elles font dans la population indigène.

Malgré ces impressions défavorables, je n'ai pas manqué d'être frappé, comme le sont tous ceux qui reviennent en Égypte après un certain temps, du progrès économique considérable qui s'y révèle de tous côtés.

Le mérite en revient certes à l'activité des colonies étrangères; mais il faut bien en attribuer la majeure partie à la sécurité dont jouit le pays depuis l'occupation anglaise et à la réorganisation générale qui en a été la conséquence. Grâce à cette prospérité, le chiffre de la population qui était de 6.800.000 âmes en 1882, s'est élevé à 9.650.000 en 1897[1] et sa densité est déjà très supérieure à

1. Recensement général de l'Égypte, 1er juin 1897. Imprimerie nationale, Le Caire, 1898.

A MIDI LES TROUPEAUX VIENNENT BOIRE ET LES FEMMES BAGGAROS PUISENT DE L'EAU

celle des États les plus peuplés de l'Europe. Dans la même période également, le rendement des récoltes a doublé par suite d'une meilleure organisation du système d'irrigation et la valeur du sol a plus que décuplé.

Pour le fellah, comme pour notre paysan d'autrefois, il n'y a qu'une richesse au monde, la terre ; et c'est cette conception qui est une des causes de l'élévation considérable du prix du sol. Maintenant qu'il n'est plus accablé sous le poids de l'impôt, que le développement d'industries telles que les sucreries et les cotonneries lui permettent de gagner de l'argent, il met en effet, tout son soin à acquérir de la terre qu'il paie sans compter, suivant ce dont il dispose. L'argent étant, à ses yeux, sans valeur propre, il donne aujourd'hui trois livres sterling pour un feddan aussi volontiers qu'il donnait jadis cinq francs pour la même étendue de terrain.

D'autre part, la population augmentant, tandis que le sol cultivable reste limité par la nature, la main-d'œuvre devient de moins en moins coûteuse ; phénomène qui agit favorablement sur le développement des industries indigènes.

Voyage sur le Haut Nil

Devant un si heureux mouvement ascensionnel, le représentant de l'Angleterre, Lord Cromer, qui porte le modeste titre de Consul Général de Sa Majesté Britannique, s'est laissé gagner par l'intérêt même de l'œuvre qui s'accomplit sous ses yeux. Personne mieux que lui ne se rend compte de la valeur du pays et de l'avenir qu'il peut avoir, à la condition qu'on sache aider, ou tout au moins ne pas troubler les activités productrices qu'il renferme. Dans ces dispositions d'esprit, Lord Cromer a dû se montrer souvent plus Égyptien qu'Anglais. Il a eu à lutter, et lutte encore, contre les agissements de syndicats financiers, composés ou dirigés par des Anglais, cherchant à spéculer sur les plus-values rapides de tout ce qui peut représenter la richesse en Égypte.

FACHODA

CHAPITRE II

J'AVAIS hâte de gagner Khartoum, mon véritable point de départ, où, par les soins de l'Agence Cook[1], se préparait l'organisation matérielle de mon voyage.

Pour se rendre du Caire à Khartoum, il faut cinq jours. Le train de luxe qui part du Caire à

[1]. Les principales agences de voyage qui ont un centre d'action en Égypte sont l'agence Cook, l'Anglo-American

six heures du soir permet de franchir assez rapidement la première partie de ce long trajet. Après un arrêt à Louqsor, principale station de la ligne, il arrive, en effet, le lendemain, à la même heure à Assouan. Une surprise m'attendait à cet endroit du parcours. Quelle transformation depuis mon dernier passage! Le modeste village d'Assouan était devenu presque une ville. On y inaugurait justement le barrage — l'ouvrage le plus hardi et le plus considérable que les ingénieurs modernes aient construit en Égypte — et une foule de touristes accourus à cette occasion remplissait les hôtels.

Malheureusement, ce ne fut pas le seul changement que j'eus à constater : l'île de Philœ, avec son délicieux temple, offrait elle aussi un tout autre aspect. Située en amont du barrage, l'île est destinée maintenant à demeurer recouverte par les eaux; et, malgré les efforts faits pour sauvegarder autant que possible les trésors archéologiques qu'elle renferme, la ruine du temple n'est

Line et la Khédivieh. — Ce sont celles qui ont un service de vapeurs et de voiliers sur le cours du Nil.

plus qu'une question d'années[1]. Quels que soient les regrets qu'inspire cette perspective, on est cependant forcé de reconnaître aux travaux qui l'ont rendue inévitable une utilité manifeste. La plus-value considérable (80.000.000) qu'ils ont d'ailleurs occasionnée sur les terres égyptiennes, est déjà venue compenser le sacrifice de l'intérêt historique.

A Assouan, le chemin de fer cesse jusqu'à Ouadi Halfa; on prend passage sur un bateau à vapeur de la Compagnie Cook[2].

Il y a encore un très petit nombre d'années, alors que le Mahdi tenait le pays au-dessous de la deuxième cataracte, trois voyageurs sur cent à peine franchissaient la première. Cook, pour multiplier les passages, avait promis à son agent d'Assouan une livre par personne qui irait à Ouadi-Halfa. Le contrat fut établi et signé en bonne et due forme; mais les résultats furent si

1. L'effet de l'immense digue a du reste été plus étendu qu'on ne l'avait prévu, il se fait sentir extrêmement loin en amont d'Assouan où tout ce qui était cultivé et habité sur les bords du fleuve est maintenant submergé.
2. L'Anglo-American Line lui fait aujourd'hui une concurrence dont bénéficie le touriste.

minces que les deux parties intéressées avaient sans doute fini par en oublier l'existence, quand survinrent les événements de 1896.

A l'instigation adroite de l'Angleterre, l'Égypte faisait revivre les droits qu'elle avait exercés jadis sur le Soudan égyptien et qui, selon l'expression de Lord Salisbury, étaient restés « dormants » depuis le jour, éloigné déjà de seize années, où elle avait dû les abandonner aux rebelles fanatisés par le Mahdi.

L'expédition de Dongola, premier acte de la reprise du Soudan, était décidée et le Département de la Guerre allait avoir à transporter un véritable corps d'armée d'Assouan à Ouadi-Halfa[1]. Il traita naturellement avec Cook, enchanté de l'aubaine. C'est alors que l'agent d'Assouan se souvint, lui aussi, de ses « droits dormants » et, son contrat en main, il obligea ses chefs à lui faire, en l'espace de quelques semaines, une fort honnête fortune.

D'Assouan à Ouadi-Halfa, la traversée est monotone. Elle s'accomplit en trois jours à

---

1. 10 bataillons à 800 hommes; 7 escadrons; 6 compagnies de méharistes; 3 batteries.

DÉBARQUEMENT DANS UNE ILE (BAHR EL ZERAF)

travers un paysage peu intéressant. De chaque côté du fleuve, la savane s'étend au loin tristement et n'était le magnifique temple d'Abu-Sim-Bell, je dirais volontiers comme le troupier, que « ça ne vaut pas le voyage ».

C'est à Ouadi-Halfa que commence le Soudan égyptien, sur toute l'étendue duquel flottent maintenant côte à côte les drapeaux anglais et khédivial.

La convention du Caire, signée le 19 janvier 1899, a eu en effet pour clause essentielle de placer tout le territoire situé au sud du 22e parallèle sous l'autorité d'un Gouverneur Général, nommé par l'Égypte avec le consentement de l'Angleterre[1].

Le Soudan est la clef de toute la vallée du Nil; qui s'en emparerait aurait l'Égypte à sa merci. C'est pourquoi, avant même que le projet, aujourd'hui abandonné, de la ligne du Cap au Caire, fût entré dans le domaine des ambitions britanniques, le gouvernement anglais était décidé à assurer la

1. C'est, pour le moment, le chef du corps d'occupation et il porte, en cette qualité, le titre de Sirdar.

situation en Égypte par la domination plus ou moins directe du Soudan.

On sait ce qu'a été l'immense insurrection qui éclata en 1882, au moment où les troupes anglaises entraient au Caire après le bombardement d'Alexandrie et, à la voix du Mahdi, sépara de l'Égypte toutes ses anciennes provinces du Haut Nil. Elle dura seize ans. Dès le début, après quelques essais de répression, essais malheureux du reste, les Anglais surent comprendre qu'il fallait faire pour un temps la part du feu et ils conseillèrent au Khédive l'abandon provisoire de ses provinces révoltées.

Une marche victorieuse sur la région du Haut Nil ne pouvait en effet s'improviser, et la question, au point de vue diplomatique, n'était pas mûre. Ils attendirent donc quatorze ans; années bien employées, tant en Égypte qu'en Europe, et, en 1896, la campagne commença. C'est quand on refait les étapes de l'armée anglo-égyptienne qu'on peut apprécier la façon dont Lord Kitchener a su organiser le transport et le ravitaillement des troupes qu'il commandait : le bon sens pratique et la prévoyance anglaise furent tels que, le 2 Sep-

LE NIL PRÈS DE DUEM

tembre 1896, la puissance du Khalife, successeur du Mahdi, était définitivement anéantie.

On comprend facilement qu'après avoir, en Égypte, du consentement tacite des puissances européennes, rétabli seule l'ordre intérieur, refait des finances et une administration publiques, supprimé enfin le danger qui menaçait le pays ainsi organisé, l'Angleterre ait voulu faire nettement entendre qu'elle ne pouvait admettre, sur tout le territoire reconquis, aucune influence étrangère autre que la sienne.

A Ouadi-Halfa, on reprend la voie ferrée jusqu'à Khartoum. Le train qui fait ce service est le plus confortable que je connaisse, même en Europe. Outre d'excellentes cabines et un wagon-restaurant, il offre à chaque voyageur la faculté de prendre un bain en cours de route. Au départ, le chef de train délivre, moyennant 2 fr. 5o, un ticket qui sera utilisé le lendemain matin à l'arrêt d'Abou-Ahmed. Là, en plein désert, s'élève un vaste bâtiment isolé où l'on peut faire une toilette complète dans des conditions parfaitement agréables.

On traverse ensuite le désert d'une seule traite, au milieu d'un paysage monotone. La ligne suit désormais le Nil, le long duquel pousse une sorte de brousse brune, peuplée de gazelles. On arrive ainsi à minuit à Halfaya, village situé sue le Nil Bleu en face de Khartoum. La nuit s'achève dans le train, qui sert d'hôtel, puis, le matin seulement, on débarque, on traverse le Nil et l'on entre dans Khartoum.

Quand on se rappelle qu'il y quatre ans à peine cette ville était encore au pouvoir des Derviches qui l'avaient ruinée pour faire d'Omdurman leur capitale, on ne peut qu'admirer ce qu'elle est déjà. De grands bâtiments, achevés ou en construction, s'élèvent de tous les côtés : ce sont le palais du Sirdàr, l'Hôtel des Postes, des magasins, un grand hôtel pour voyageurs, des casernes, etc. Devenue le centre d'une intense activité, la ville se transforme, pour ainsi dire, à vue d'œil.

Maintenant que le pays est pacifié d'une façon qu'on peut croire définitive, Khartoum paraît appelé à un avenir prospère. Il reste, en effet, le marché où toutes les tribus de l'Ouest viennent apporter leurs produits et acheter ceux dont elles ont besoin.

La ville est située au confluent du Nil Blanc et

RENCK. — DÉBARCADÈRE IMPROVISÉ

du Nil Bleu, entre les deux bras du fleuve, avec, à sa droite, Halfaya sur le Nil Bleu, Omdurman à gauche, sur le Nil Blanc. C'est dans cette dernière que s'arrêtent les caravanes. Le Gouvernement voudrait concentrer à Khartoum même tout le mouvement commercial afin de laisser Omdurman, ancienne capitale du Mahdisme, dont la population est à peine soumise, s'engourdir et tomber peu à peu dans l'oubli. Il faudrait pour cela qu'un pont commode reliàt les deux villes, permettant ainsi aux caravanes l'accès de Khartoum, mais le projet est trop gigantesque pour être de sitôt exécuté.

Omdurman est une ville singulière qui s'étend sur une surface immense. Chaque tribu y a son quartier et chaque maison sa cour qui la sépare de la maison voisine. Les rues sont extrêmement larges et d'une propreté remarquable. Tous les matins, les ordures sont ramassées, conduites dans le désert et brûlées.

Du temps du Madhi, la ville comptait deux cent mille habitants ; elle en contient encore soixante mille. Toutes les maisons sont en terre cuite et à toit plat. mais il n'y a pas un seul monument remarquable. Le seul qui aurait pu passer pour tel, parce qu'il était bâti en pierre, a été démoli par les Anglais et ne sera jamais reconstruit : c'est le tombeau du Mahdi. Omdurman est la plus grande ville du Soudan, qui défile tout entier dans ses marchés. A ce titre, c'est une des villes les plus curieuses du monde par la diversité des types qu'on y rencontre. Les hommes et les femmes sont magnifiques, mais les mutilés sont nombreux, tant était grande la sévérité du Khalifat. Quiconque était surpris pour la seconde fois à passer du tabac avait en effet le bras coupé ; une nouvelle récidive et c'était la perte de l'autre bras et d'une jambe. Les hommes semblent n'avoir pour nous qu'une affection très relative, mais ils sont absolument réduits à l'impuissance.

L'armée du Mahdi fut en effet détruite aux trois quarts le jour de la bataille d'Omdurman et l'autre quart fortement endommagé par le Sirdâr actuel, Lord Wingate, dans l'engagement sur la Sobat, près de Nasser, dans lequel il tua lui-même le Khalifat. Enfin, 1 500 hommes furent anéantis par la Mission Marchand quand les Derviches l'attaquèrent à Fachoda.

Depuis, ils sont désarmés, et maintenant que

LE LION DENIS NE VEUT PAS SE LAISSER PHOTOGRAPHIER

toutes les voies de pénétration sont occupées, il leur est impossible de se reformer un matériel de guerre, même de la valeur de celui qu'ils possédaient. Le musée qui contient les restes de l'armement du Khalifat est, à ce sujet, fort instructif et rabaisse à l'état d'exploit plus qu'ordinaire la bataille d'Omdurman, dont les Anglais ont fait tant de bruit.

Il est cependant juste de dire qu'exception faite pour les combats où les officiers ont montré, comme toujours, leur courage et leur incapacité, cette campagne a été menée et organisée à la perfection.

Je ne saurais trop à ce propos recommander un livre de Slattin Pacha : « Fer et Feu au Soudan. »

Cet officier distingué était, pour le compte de l'Égypte, Gouverneur du Kordofan, lorsqu'éclata la révolte du Mahdi. Malgré tous ses efforts, après une résistance acharnée, il vit successivement tous ses hommes trahir ou succomber, jusqu'au jour où lui-même fut fait prisonnier. Gardé par le Mahdi, enchaîné par le Khalifat, il ne put s'échapper qu'au bout de quatorze ans.

Le récit de son évasion est un des drames les plus passionnants que je connaisse.

Quant aux Derviches, ils sont groupés aujourd'hui par le gouvernement soudanais en colonies chargées d'accomplir certains travaux pénibles. Ce sont eux notamment qui coupent le bois dont on alimente les chaudières des canonnières du fleuve.

La seule curiosité du pays, au nord de Khartoum, est offerte par le Nil qui, bien que formé de la réunion du Nil Bleu et du Nil Blanc, coule pendant longtemps sans que leurs eaux se mélangent. La différence des colorations reste, en effet, sensible durant plusieurs kilomètres.

Les deux fleuves sont d'ailleurs parfaitement dissemblables tout le long de leur cours. Tandis que le Nil Bleu coule dans un lit ferme, encaissé, sur des terrains peu perméables dont la pente est d'environ 1 m. 15 par kilomètre ; le Nil Blanc, au contraire, serpente lentement entre des rives basses, marécageuses et, la plupart du temps, mal délimitées. Aussi, malgré son volume et celui de ses affluents, et bien que les phénomènes de la crue apparaissent pour eux dès la fin de février, le

LE STOCK DE NOS PROVISIONS ATTENDANT UN TRANSBORDEMENT

premier flot du Nil Blanc n'arrive à Khartoum que le 19 mai, alors que le Nil Bleu, dont les eaux ne commencent à monter qu'au milieu de mars, est déjà parvenu au même point le 26 avril. De même, le maximum de la crue se relève à Khartoum le 20 août pour le Nil Bleu et le 12 septembre pour le Nil Blanc.

Mais les différentes phases de l'inondation annuelle, si curieusement réglées par la nature, et le vaste système d'irrigation destiné à l'utiliser, sont trop connus pour que j'y revienne ici. J'ai voulu, seulement, par une simple observation, signaler l'importance qu'a pour l'Egypte la sécurité de la possession du Soudan, puisque, de Khartoum par exemple, on pourrait, par des barrages et des percements de digues, modifier et altérer profondément les conditions mêmes de l'existence dans tout le reste de la vallée du Nil.

Il faut avoir tout prévu à Khartoum quand on veut pousser vers le Sud. Car, sans transition, on passe de la civilisation à la barbarie préhistorique. Le Sleeping fait place à des moyens de transports beaucoup plus rudimentaires. Ils sont de deux sortes suivant qu'on désire continuer par terre ou par eau [1]. Dans le premier cas, il faut se procurer des chameaux, des conducteurs et, naturellement, un matériel de campement.

Si l'on adopte, au contraire, la voie fluviale, on a le choix entre le Negger ou bateau du pays et le bateau à vapeur. Le prix de location d'un negger est d'environ 400 francs par mois. Mais ces bâtiments sont de dimensions si faibles, le nombre de personnes et la quantité de provisions qu'il faut avoir avec soi, sont si grands que deux au moins sont nécessaires. Ils doivent en outre être mis en état, c'est-à-dire nettoyés, réparés, agencés pour le voyage et munis d'une tente qui recouvre le pont.

Chaque negger est sous les ordres d'un reis [2]. Quant aux vapeurs, ils appartiennent au gouvernement. Ce sont deux petits steamers qui sont chargés du ravitaillement des postes échelonnés le long du Nil Blanc. L'un va jusqu'à Kénisseh, l'autre à Meschra-es-Reck. On peut les louer à raison de douze livres par jour, ce prix comprenant

1. Sur le Nil Blanc (le Nil Bleu n'est navigable que du milieu de juin au milieu de décembre).
2. Cook me demandait 4000 francs par mois, équipage, interprète, cuisiniers et provisions pour les deux bateaux.

GUERRIER CHILLOUK. — SA CHEVELURE HABILEMENT COSMÉTIQUÉE AVEC DE LA GOMME
ET DE LA BOUSE DE VACHE OFFRE LES GRACIEUX CONTOURS D'UNE AURÉOLE

la solde de l'équipage et l'achat du bois nécessaire
à la machine.

J'ai adopté, quant à moi, une combinaison qui,
en raison du temps dont je disposais, me parut à la
fois plus pratique et plus économique. J'ai obtenu,
en effet, pour un prix convenu, de prendre place,
avec l'ami qui m'accompagnait, nos deux valets de
chambre, notre cuisinier, un boy, un aide et quelques Soudanais, sur l'un des vapeurs du gouvernement du Soudan. J'avais le droit d'emporter ce qui
était nécessaire à notre petite expédition, ainsi que
quelques moutons destinés à nous approvisionner
de viande fraîche. La seule obligation de notre
arrangement était de continuer à assurer le service
de ravitaillement. Enfin, une marge de quelques
jours nous était accordée entre les dates auxquelles
nous aurions dû réglementairement nous trouver
à chaque poste.

Une des principales raisons qui nous faisait
préférer le bateau à vapeur, c'est que, à partir de
Khartoum, la navigation est subordonnée complètement au régime des moussons. La mousson
Nord-Est pouvait sans doute nous faire avancer
suffisamment vite avec un bateau à voile, mais il

aurait fallu, pour revenir, attendre la mousson Sud-Ouest, faute de laquelle nous n'aurions pu qu'à très grand'peine et très lentement redescendre le fleuve, ce qui ne nous aurait pas permis d'éviter le début de la saison pluvieuse. D'ailleurs, les bateaux indigènes auraient eu pour des voyageurs, désireux comme nous de voir le plus de pays possible, l'inconvénient d'être trop peu élevés sur l'eau pour nous laisser découvrir les rives, d'ordinaire très plates, par-dessus les murailles d'herbes aquatiques qui les bordent. Notre petit steamer, au contraire, canonnière au fond plat, dominait suffisamment les berges. Le pont était abrité par un toit sous lequel étaient disposées des sortes de cabines. Au début, comme il était impossible d'y dormir à cause de la température d'étuve qu'elles retiennent, je m'en étais servi pour serrer mes effets et mes armes et j'avais fait mon lit sur le pont même, où je pouvais, du moins, à travers ma moustiquaire, jouir de la fraîcheur des nuits.

Notre vapeur ne naviguait pas isolé. Il était flanqué, à droite et à gauche, de deux chalands, bien amarrés à son bordage et surmontés également d'une sorte de galerie couverte, sur lesquels on

FACHODA. — LE « PALAIS » DU GOUVERNEUR

embarque d'ordinaire les soldats soudanais d'escorte et les provisions destinées aux postes. Sur celui de droite étaient quelques nègres, nos bagages et nos moutons; sur celui de gauche se trouvait le neveu du Roi des Chillouks que nous ramenions dans les états de son oncle.

Ce jeune prince était venu à Khartoum faire au Gouverneur Général ses doléances d'héritier dépossédé. Son oncle, le roi actuel, s'était en effet emparé du pouvoir après avoir assassiné à la façon des Serbes le père du plaignant; et depuis lors, soutenu par les Madhistes, il avait régné sans constestation. C'est à un véritable coup d'état que nous prenions part, indirectement; car, au retour, nous devions ramener l'usurpateur justement puni. J'aurai, du reste, à reparler des Chillouks et de l'autorité très réelle dont jouit le roi parmi eux.

Une déception nous attendait à Khartoum. Mon projet était alors de me rendre à Gondokoro pour tenter de refaire en sens inverse le voyage d'Elliot. Muni d'une importante lettre de recommandation, j'avais compté obtenir facilement les autorisations nécessaires. Malheureusement, le Sirdâr était absent: il faisait une de ces tournées d'inspection que les fonctionnaires anglais ont l'excellente habitude de faire fréquemment dans les pays confiés à leur administration. L'officier qui commandait par intérim ne crut pas pouvoir m'autoriser à pénétrer dans le pays au sud de Fachoda, parce qu'un officier anglais y avait été, quelque temps auparavant, assassiné par les Dinkas.

Mon désappointement fut grand, mais j'appris que j'avais toutes les chances de trouver en cours de route le Sirdàr qui pouvait seul étendre le champ de mes explorations. Cet espoir ne fut pas déçu. Je rencontrai en effet, Lord Wingate à Tewfikieh et, très gracieusement, il consentit à me laisser pousser jusqu'où je voudrais, à condition cependant de ne pas trop m'écarter de la zone protectrice de notre petite forteresse flottante. J'avais accepté, du reste, de ne m'en éloigner qu'à mes risques et périls.

Nous avions dû nous procurer à Khartoum certaines pièces administratives dont, en vertu des règlements, nous devions être munis pour avoir nos coudées franches.

J'en citerai deux qui me paraissent bien caractériser l'administration dont ils émanent. C'est

LES CHILLOUKS VIENNENT SALUER LEUR MEK

d'abord un permis sans lequel il est interdit d'introduire, même pour son usage personnel, aucun liquide alcoolique dans l'intérieur du Soudan. Le commerce des spiritueux est, à juste titre, réglementé et surveillé de très près et les contrevenants sont punis d'une forte amende. La seconde pièce est le permis de chasse. Indépendamment des taxes obligatoires pour chaque catégorie d'armes à feu dont on veut faire usage, il est nécessaire aux chasseurs d'avoir un permis qui peut prendre deux formes différentes. L'un, désigné par le terme « licence A » et dont le prix est de vingt-cinq livres égyptiennes[1], donne à son détenteur le droit de poursuivre, tuer ou capturer, en plus du gibier ordinaire, quelques-unes des espèces plus rares, désignées dans un tableau spécial. Le chasseur doit, en outre, acquitter certains droits supplémentaires pour la capture ou la mise à mort de chaque animal. La « licence B » ne coûte que cinq livres, mais ne s'étend qu'aux espèces les plus petites et les moins rares et ne sert pour ainsi dire à rien.

Ces permis sont réunis sous la forme d'un petit

1. La livre égyptienne vaut environ 25,292.

carnet, renfermant des instructions claires et la désignation des espèces d'animaux qu'il est interdit de poursuivre ou dont on ne peut abattre qu'un nombre limité de têtes. Parmi les premiers, se trouvent le chimpanzé, la girafe, le rhinocéros, le zèbre, le serpentaire. Dans la seconde catégorie, sont compris l'éléphant, l'hippopotame, certaines variétés de gazelles et d'antilopes, le pélican, l'ibis, le flamant. Quant aux animaux non désignés sur les listes annexées aux permis, comme le lion, le crocodile, quelques gazelles, il est loisible d'en tuer sans autre formalité que l'acquittement de la taxe sur les armes à feu dont on est porteur.

Les permis sont délivrés dans chaque chef-lieu de moudirieh, mais spécialement à Khartoum, à la direction pour la protection des animaux sauvages, où, au retour, on est obligé de faire visiter ses caisses.

Pour en finir avec ce que je veux dire sur la réglementation de la chasse au Soudan, j'ajouterai que le pays est divisé à cet égard en districts (Shooting Districts) pour chacun desquels les espèces interdites à la chasse sont particulièrement spécifiées. Cette désignation peut varier de l'un à l'autre, mais si l'on chasse dans plusieurs districts, on ne peut tuer ni capturer un nombre de pièces supérieur à celui qui est indiqué pour le district où il est le plus élevé.

Enfin, pour assurer encore mieux la protection de certaines espèces, le gouvernement du Soudan a créé une réserve dite « Officers Game Reserve » qui est, selon l'expression même du document officiel, un véritable « sanctuaire ».

Cette réserve s'étend à tout un vaste territoire compris entre le Nil Blanc et le Nil Bleu, limité au Sud par la Sobat et remontant vers le Nord sur une longueur de plus de 500 kilomètres. Ces limites sont d'autant mieux choisies qu'elles enferment les points où s'assemblent la plupart des bêtes pendant la période sèche[1].

1. La partie ouverte s'étend de Djebel oin à la Sobat.

CHAPITRE III

Dès qu'on a laissé derrière soi Omdurman et qu'on s'est engagé sur le Nil Blanc, le paysage change. Le fleuve, quoiqu'en amont de son confluent, est extrêmement large. Les rives plates offrent aux regards de vastes prairies naturelles dans lesquelles paissent des milliers de moutons noirs. Ces troupeaux appartiennent aux Baggaras. Ce peuple de nomades, dont le nom signifie

« vachers », est formé de tribus berbériques d'une race très pure que le docteur Schweinfurth déclare être la plus belle race de nomades qui soit au bord du Nil. Ils vivent de l'élevage de leurs troupeaux qu'ils promènent entre le Kordofan et les territoires occupés par les Dinkas au Sud. Ce sont des cavaliers intrépides et, à l'occasion, de véritables bandits. Les migrations de leurs troupeaux les entraînent chaque année à la lisière de la forêt équatoriale; ils se réunissent alors pour chasser l'éléphant qu'ils attaquent, dit-on, à l'épée et à la lance. Le cheval leur est, pour cette poursuite, un auxiliaire précieux. Grâce à la terreur qu'ils inspirent aux diverses tribus nègres avec lesquelles ils sont en contact, les Baggaras ont été et sont encore les agents les plus actifs et les moins scrupuleux du commerce des esclaves.

Lorsque, ému par le mouvement réprobateur que provoquaient dans l'Europe entière les récits des voyageurs, le gouvernement égyptien voulut essayer d'abolir la traite des nègres, il provoqua chez toutes les tribus nomades et belliqueuses du Soudan, un mécontentement d'autant plus vif qu'elles ne comprenaient pas pourquoi on voulait

CHAQUE ANNÉE, AU SOUDAN, LES INDIGÈNES METTENT LE FEU AUX HERBAGES DESSÉCHÉS

les frustrer d'une source de profits approuvés par leur religion. Aussi, le Mahdi trouva-t-il parmi elles, et principalement chez les Baggaras, des recrues redoutables. Il n'est pas inutile de rappeler cette véritable cause du soulèvement derviche, cachée sous une apparence de fanatisme religieux.

L'étendue d'eau sur laquelle nous naviguons est si vaste, prolongée par des terres riveraines si plates que, par instants, on peut se croire en pleine mer. Vers midi, cependant, l'illusion disparaît ; tous les troupeaux viennent au fleuve et nous donnent la vision biblique d'un abreuvage général. Le gibier d'eau abonde : nous tirons des grues, des hérons, des canards et des oies du Nil qui fournissent d'excellents rôtis. Celles-ci surtout sont très nombreuses : on compte leurs bandes par centaines et par centaines aussi les têtes qui composent chaque bande.

Voici comment je les chassais. Au soleil levant, elles se trouvaient toujours à terre, assez éloignées du fleuve. J'entrais dans la vase jusqu'aux genoux et me plaçais entre l'eau et les oies, pendant que mes hommes, après un détour, les rabattaient. Elles venaient sur moi et le tour était joué.

Pendant plusieurs jours, l'aspect du paysage ne change pas ; la température est délicieuse et, malgré la monotonie des sites et de la vie, l'ennui ne peut venir.

D'ailleurs, quiconque a voyagé sous les tropiques, sait que la lumière transforme tout et rend vivants les plus mornes panoramas. La lune se levait alors de bonne heure et se reflétait déjà dans le grand fleuve, que le soleil le rougissait encore des derniers reflets de ses admirables couchers. Un soir, en particulier, nous eûmes une vision merveilleuse : nous rencontrâmes un bateau chargé de gomme qui, sa grande voile repliée, venait en sens contraire ; tout en ramant, les matelots chantaient ; et leur chant monotone arrivait jusqu'à nous, tandis qu'à chacun de leurs mouvements, l'eau soulevée par les rames, retombait dans le Nil comme une pluie d'argent.

C'est un peu avant Duem que j'aperçus les premiers crocodiles et les deux premiers hippopotames. Le village baggara de Duem n'est pacifié que depuis l'année dernière ; c'est un entrepôt de gomme très considérable, et l'un des points importants de la rive, car il sert de port à El-Obéid.

VOL DE CORN-CREST DANS UN PAYSAGE CHILLOUK

capitale de la province du Kordofan situé à deux cents kilomètres environ dans l'intérieur et où se concentre tout le trafic de la province.

Une route relie El-Obéid à Duem, une autre part de la rive opposée et va rejoindre le Nil Bleu; c'est donc par là que le Sennaar communique avec le Kordofan.

Nous sommes arrivés à Duem un vendredi. C'est jour de liesse selon le rite musulman, et les nègres se montrent, à cet égard, observateurs très zélés du Coran. Ils le sont moins cependant en ce qui concerne l'usage des boissons et en profitent pour se griser consciencieusement avec de la mérissah. Les femmes, elles, dansent avec intrépidité le jour durant. Et ce n'est pas un spectacle banal que ces ébats chorégraphiques, pendant lesquels leurs seins, naturellement longs et pendants, décrivent autour de leur corps des rotations aussi imprévues que singulières.

Après Duem, le gibier d'eau devient plus rare, les îles commencent à se montrer, couvertes d'herbes épaisses, parmi lesquelles on peut citer l'ambatch. Ces îles sont, la plupart du temps, cultivées par des colonies d'indigènes qui s'y établissent temporairement. Sur les rives, les pintades vivent par centaines et nous en abattons facilement au moment où elles viennent boire. Leur chair est excellente. Les crocodiles sont également nombreux.

Au fur et à mesure que nous avançons, le pays est plus boisé. La futaie se rapproche de la rive. Jusque-là, les arbres ne nous apparaissaient qu'à l'horizon où ils formaient une ligne lointaine et continue, bordant la plaine qui s'étend de chaque côté du Nil. Nous les voyons de plus près, maintenant; l'acacia nilotique domine.

Par contre, les rives deviennent marécageuses; cependant, on peut encore aborder sans trop de peine et presque tous les jours nous nous arrêtons pour charger le bois que coupent dans la forèt les anciens Mahdistes, embrigadés à cet effet par le gouvernement.

Nous faisons bientôt escale à Guez-Abu-Guma, village situé non pas sur le Nil même, mais sur un bras formé par une dérivation du fleuve. Le village se compose de quelques paillotes coniques et d'un poste télégraphique dont les employés, anciens élèves de l'école de Frères de Zagazic,

DERVICHES VENANT APPROVISIONNER DE BOIS LE KAÏBAR

parlent le français, ce qui ne laisse pas de nous surprendre agréablement. Dans un autre ordre de faits, nous ne sommes pas moins étonnés par la présence d'autruches circulant en liberté dans la localité. Prises toutes petites, elles s'apprivoisent facilement et s'élèvent sans coûter trop de soins à leurs propriétaires. Ceux-ci les exploitent d'ailleurs avec barbarie et les plument jusqu'à nudité complète, d'où leur aspect grotesque et lamentable à la fois. Il y en a dans presque tous les villages de la région. Les autruches sauvages sont d'ailleurs assez nombreuses, mais il m'a été impossible d'en approcher à portée.

Notre marche vers le Sud reprend ensuite, aidée par la mousson N.-E. qui souffle avec force. Le gibier devient plus nombreux et les îles se multiplient. Les herbes poussent de plus en plus épaisses et nous commençons à connaître les difficultés et les désagréments de la navigation sur le Nil supérieur. Chaque fois que nous voulons débarquer, il nous faut, à présent, entrer dans l'eau, quelquefois jusqu'au menton, et nous frayer un passage à travers les plantes aquatiques dont certaines, comme l'ambatch, arrivent à former des barrières végétales qui arrêtent souvent les bateaux.

Cette plante, en effet, pousse directement ses racines dans l'eau et croît avec une rapidité extraordinaire. Elle se détache souvent par paquets que le fleuve entraîne. Puis, un obstacle venant à les arrêter, de nouvelles racines se développent, et peu de temps après, une île nouvelle semble avoir surgi des eaux.

Malgré ces difficultés, nous continuions à descendre à terre pour chasser dans la forêt, si l'on peut appeler ainsi la brousse formée de buissons d'acacias et de grandes herbes à travers lesquels nous avions peine à nous frayer un passage. L'état de maturité des herbes rendait notre chasse difficile. Hautes et sèches déjà, elles nous cachaient le gibier et nous décelaient à son oreille par les craquements qu'elles produisaient en se brisant sous nos pas.

Il n'y a, dans cette région, que deux saisons favorables à la chasse : c'est la saison où l'herbe est verte et basse et celle qui va du 15 février au 15 avril, quand l'incendie annuel de la steppe vient d'avoir lieu. Périodiquement, en effet, les indigènes mettent le feu à la brousse dès qu'elle est suffisamment desséchée. Cette pratique éloigne les fauves et les moustiques et constitue un mode de fumure excellent.

Je ne signale, en passant, le petit village de Renck que parce que nous y vîmes des hippopotames en grande quantité; encore serait-il plus exact de dire que nous n'aperçûmes que leurs nez émergeant de quelques centimètres au-dessus de l'eau. C'est à ce même endroit que les moustiques nous ont attaqués pour la première fois; depuis, ils ne nous ont plus quittés. Le lendemain de ce premier assaut, tout le monde, à bord, était pris de fièvre, sauf Pracomtal et moi qui dormions sous d'ingénieuses moustiquaires. J'apporte ce fait à l'appui de la théorie de la fièvre par les moustiques.

Pendant une des nuits qui suivirent, un des hommes embarqués sur nos chalands tomba dans l'eau, entre le chaland et le vapeur. La situation du malheureux était critique et le nombre des crocodiles ajoutait encore au danger qu'il courait : nous ne pûmes le retirer qu'à grand'peine.

Mais je ne saurais, sans puérilité ou monotonie, raconter notre vie de tous les jours. Pleine de distractions pour nous, pleine d'imprévu parfois, comme l'accident que je viens de rapporter, le récit en serait cependant fastidieux. Je descendais souvent à terre pour chasser dans la brousse ou dans la jungle marécageuse qui borde le fleuve. Le paysage, d'ailleurs, restait le même, avec son rideau d'arbres assez éloigné des rives et précédé des éternels marais herbus si laborieux à traverser. Par bonheur, le vent du Nord soufflait assez fort. Les nuits et les matinées étaient tout à fait froides et il m'est arrivé d'être littéralement transi dans le sac de peau de mouton où je dormais.

Au village de Karka, se trouve un poste soudanais que nous devions ravitailler. Nous nous y arrêtâmes donc. Sur nos chalands, on se livrait à une danse désordonnée. Renseignements pris, c'était le salut qu'adressaient nos passagers chillouks aux premières cases nationales dont les toits de paille apparaissaient sur la rive. Karka est, en effet, le point le plus septentrional habité par les Chillouks dont le pays s'étend sur la rive gauche du Nil Blanc jusqu'au Bahr-el-Ghazal. Ils occupent ainsi une bande de territoire qui n'a guère plus de quinze à vingt kilomètres de large, pressés qu'ils sont à l'Ouest par les Baggaras qui les refoulent vers le Nil. La rive droite appartient aux Dinkas et leur est, par là même, à peu près interdite. Asservis à l'Égypte en 1871, les Chillouks forment une population d'environ 1 200 000 âmes.

Je devais avoir bientôt l'occasion de les connaître de plus près et je reviendrai avec plus de détails sur leur aspect et leurs mœurs.

Karka était, il n'y a pas bien longtemps un marché d'esclaves très actif. Aujourd'hui, l'État du Soudan y entretient un dépôt de grains et une petite garnison. Le jour où nous y arrivâmes, il n'était question que d'un mouton enlevé par un lion, la nuit précédente. Ravis de l'aubaine, nous nous mîmes en chasse, guidés par les indigènes; mais, après une marche longue et pénible dans le marécage, où l'on enfonçait dans l'eau jusqu'au cou parfois, nous dûmes rentrer épuisés et bredouilles. Le seul résultat de notre inutile battue avait été de nous faire découvrir de nombreuses pistes d'éléphants et de girafes, pistes que nous relevions pour la première fois. Le passage des éléphants ajoutait encore aux difficultés de notre marche. Leurs pieds lourds laissent, en effet, dans le sol imbibé, des empreintes profondes comme de petits puits que l'eau ou l'herbe recouvrent et dans lesquels nous enfoncions brusquement.

Je suis persuadé, aujourd'hui, que les histoires de voyageurs attaqués par les lions doivent être rangées au nombre des légendes. Car le lion est tellement méfiant, qu'on l'aperçoit très rarement; pour moi, j'en ai très souvent entendu la nuit, mais je n'en ai jamais vu au cours de plusieurs séjours en Afrique, dans des pays où, pourtant, ils étaient nombreux. Un ingénieur du télégraphe qui se trouvait alors à Metemneh, nous apprit cependant qu'un des soldats noirs de son détachement avait, le matin même, tué un lion au milieu d'une bande de dix. L'heureux chasseur nous en apporta la peau dans l'espoir, déçu d'ailleurs, de nous la faire acheter.

Tout en causant, l'ingénieur nous fit part de ses déboires professionnels dans ce pays trop peu civilisé encore pour respecter le télégraphe électrique. Les éléphants lui bouleversaient ses poteaux et les naturels lui volaient son fil pour s'en faire des bracelets. Aussi, appelait-il de tous

QUELQUES SECONDES AVANT DE MOURIR

ses vœux le moment où la télégraphie sans fil supprimerait la nécessité des lignes aériennes. La question est, paraît-il, sérieusement étudiée et assez avancée déjà pour qu'on espère la mettre bientôt en pratique. Des postes échelonnés de loin en loin, bien gardés et ravitaillés, permettront alors au centre de l'Afrique de communiquer rapidement avec le monde civilisé, tandis qu'il faut encore aujourd'hui trente-cinq jours à une lettre pour venir de Gondokoro à Paris.

Le premier village que nous rencontrons après Karka est Detemneh, sur la rive opposée; c'est un village dinka. D'une façon générale, on peut dire que la rive gauche du Nil Blanc est habitée par les Chillouks et la rive droite par les Dinkas, mais cette assertion n'a rien d'absolu.

L'aspect du paysage, pendant cette partie du trajet, est particulièrement monotone. Le marécage prend de plus en plus d'importance : il occupe maintenant une bande de cinq cents mètres de largeur entre le Nil et le sol ferme. Au moment de notre passage, les indigènes commençaient à brûler l'herbe, ce qui, la nuit, offre un spectacle magnifique. La contrée paraît embrasée.

Le jour, un gros nuage blanc semble rouler sur la steppe, tandis qu'une mousquetade continue retentit. Ce sont les tiges qui éclatent. Au-dessus du nuage, des bandes d'oiseaux tournoient sans cesse, y plongeant même parfois, pour saisir les insectes que l'incendie chasse par milliers.

Sur le fleuve, les crocodiles sont de plus en plus nombreux. Immobiles comme des troncs d'arbres, ils sont tantôt étendus sur les îlots et sur les berges, tantôt immergés et ne laissant passer hors de l'eau que la crête de leur museau. Ils donnent alors l'illusion de pièces de bois flottantes. J'en tirai treize dans une matinée. Pour leur rendre toute fuite impossible, il faut absolument les atteindre à la tête ; touchés ailleurs, en effet, ils enfoncent dans l'eau et y meurent. Dans l'un de ceux que j'ai tués ainsi, avec ma carabine 3o3, on retrouva la balle conique en acier qui l'avait frappé : elle était allée s'aplatir dans un pied de derrière, après avoir traversé le corps dans toute sa longueur.

Cette anecdote m'amène à parler des armes dont je me suis servi au cours de ce voyage.

On sait que les chasseurs sont divisés en deux

OU VÉNUS ASTARTÉ SORTANT DE L'ONDE AMÈRE FÉCONDAIT LE MONDE.
MAIS OU SONT SES CHEVEUX?

clans, les uns préconisant les gros calibres, les autres les petits.

La perfection serait, en vérité, de pouvoir changer instantanément de fusil, selon la bête qui vous apparaît tout à coup. Il est évident, en effet, que la balle qui permet d'abattre une gazelle n'est pas suffisante pour tuer un éléphant. Mais cette pratique est, dans la brousse, beaucoup plus difficile qu'on ne croit; aussi, a-t-on cherché, à l'aide des progrès récents de la balistique, à créer une arme moyenne répondant à tous les besoins.

J'avais, dans mes premiers voyages, expérimenté plusieurs fusils, entre autres le 577 et le paradoxe 12. Ce dernier est un calibre 12 renforcé, dont le bout du canon seul est rayé. A mon avis, c'est une arme remarquable, aussi bien à plomb qu'à balle, et je m'en étais servi huit fois sur dix. Son gros désagrément est de n'avoir qu'une très petite portée.

Quant au 577, je ne partage pas l'opinion de ceux, et ils sont nombreux, qui le placent au premier rang. Je trouve qu'il donne de très fortes secousses. De plus, il est très lourd; or, en Afrique, le poids a une grande importance, puisqu'on va toujours à pied, que le pays est d'un accès généralement difficile et la chaleur très grande. Aussi, avais-je résolu de le remplacer par une carabine d'un moindre calibre, d'autant que je ne tenais plus à chasser l'éléphant.

Cette fois, le 3o3 étant devenu à la mode, je m'en procurai un et c'est avec lui que j'ai tué presque tout ce que j'ai rapporté. C'est une arme charmante, relativement très légère, ne donnant aucun recul et d'une précision remarquable. Sa trajectoire est tellement tendue, qu'il n'est presque jamais nécessaire de mettre la hausse. Holland y adapte un télescope qui augmente, — pour moi du moins —, l'efficacité du tir de quatre-vingts pour cent, et la rend unique pour les coups de longueur. Enfin, elle tire la cordite, ce qui supprime la fumée, avantage considérable dans les régions humides où celle-ci s'attarde et vous enveloppe assez longtemps pour faire perdre tout contact avec le gibier.

Le bruit seul, en effet, effraie peu les animaux quand ils n'en connaissent pas la cause. Ils s'étonnent, lèvent la tête et cherchent d'où il peut provenir, mais ne s'enfuient pas. Au contraire, les

UN JEUNE ÉLÉGANT S'EST ACCROCHÉ SUR LE DERRIÈRE UNE DOUILLE DE 303.
C'ÉTAIT LA GRANDE MODE CHEZ LES DINKAS

animaux méchants ou blessés, chargent toujours sur la fumée; celle-ci manquant, ils ne savent, s'ils sont à mauvais vent, sur quoi passer leur colère.

Un jour que je suivais une troupe de buffles, je finis par les approcher dans une jungle marécageuse. Je comptai sept animaux, dont un beau mâle qui, un peu séparé des autres, et couché dans la vase, se trouvait à une cinquantaine de mètres de moi. Les herbes le cachaient presque entièrement; je cherchai cependant où devait se trouver à peu près le défaut de l'épaule, je fis feu et fus aussitôt enveloppé d'un nuage de fumée, pendant qu'un galop pesant m'indiquait la fuite du troupeau. Pour me rendre compte, je sautai de côté. Mais au moment même où mon homme me passait mon second fusil, la jungle s'écartait du côté opposé et le buffle, chargeant d'arrière en avant, traversait, à l'endroit que je venais de quitter, la fumée qui ne s'était pas encore dissipée. Retirée à bout portant, la bête tomba sur les genoux et je l'achevai facilement. J'aurais, on le voit, fort bien pu être surpris. Sans la fumée, le buffle ne m'aurait probablement pas soupçonné et, en tous cas, j'aurais su ce qu'il était devenu après mon coup de fusil. La première balle l'avait frappé à la hanche.

Hélas ! rien n'est parfait ici-bas, et le 3o3 n'a pas que des qualités. Évidemment, sa balle traverse n'importe quoi et il n'y a pas de cervelle à l'abri derrière les os les plus solides, mais encore faut-il atteindre le crâne au bon endroit, sinon le choc n'est pas assez fort pour assommer l'animal. Si la balle rencontre un os, elle le brise, mais si elle ne trouve que les chairs, elle les traverse en faisant un trou minuscule, et l'animal va crever si loin qu'il est presque toujours perdu. J'ai vu ainsi des cas bien singuliers. Une fois, entre autres, je trouvai quatre Tiengs près de Renck qui broutaient à l'ombre d'un gros arbre, à cent cinquante mètres de moi, J'en tirai un qui, à mon coup, sauta des quatre pieds, retomba sur place et se remit à manger. Comme j'étais certain de l'avoir touché, je ne bougeai pas et attendis pour voir ce qui allait se passer. Quelques instants après, le tieng tourna une ou deux fois sur lui-même et partit au galop. Les autres l'imitèrent. Je les suivis : au bout de cinq cents mètres à peine, je trouvai du sang et, un peu plus loin, le tieng qui finissait de mourir. La balle lui avait traversé les intestins.

A moins de lui briser la tête, ce qui est extrèmement difficile, on ne peut, avec un 3o3, arrêter un animal qui fond sur soi. C'est donc insuffisant. Pour remédier, comment dirais-je? à cette trop grande pénétration, on se sert de cartouches du genre Dum-Dum, dont la meilleure, à mon avis, est celle que l'on nomme Hollands-Peg, mais elles ne sont efficaces que contre les bêtes à peau tendre, et font de telles blessures qu'elles gàtent souvent la peau.

J'ai vu, à mon retour, une carabine de Holland, tirant la balle du 45o avec la cordite et la charge du 577. Je crois que ce doit être, à bien peu près, une arme parfaite.

LA FORÊT ENTRE RUMBEK ET MESCHRA-EL-REBK

CHAPITRE IV

Tout en chassant, nous continuions notre route et nous atteignîmes bientôt Fachoda.

Nous étions déjà sous le ciel équatorial. Derrière un voile transparent, brillait un soleil blanc, plus dangereux que celui qui flamboie dans l'air sec et limpide du désert. Comme le dôme d'une vaste serre, les nuages concentrent la chaleur solaire qui devient étouffante et les insolations sont beaucoup plus à craindre.

On peut, durant la saison des pluies, aborder directement devant la citadelle de Fachoda, mais, en janvier, époque de notre arrivée, cela n'est plus possible. Après avoir pris terre et marché une première fois et pendant environ trois cents mètres, il faut, en effet, pour gagner la citadelle, traverser encore deux marais, séparés, eux-mêmes, par une seconde bande de terre. C'était, dès l'abord, trop de difficultés pour que le séjour y fût agréable.

Ancien pénitencier du gouvernement égyptien, Fachoda est resté un simple village indigène composé de quelques paillotes auxquelles s'adjoignent seulement un petit fortin en briques et le « Palais » du gouverneur, Matthews-Bey. Un « store » qu'on avait essayé d'y installer, a dû être abandonné.

La garnison se compose de Soudanais ; six canons arment le fort. La situation est tellement malsaine que le poste va probablement être transporté à Tewfikieh, à cent kilomètres au Sud, sur la rive droite du Nil. Située sur une berge élevée, Tewfikieh est un peu plus salubre ; c'est le seul endroit du Soudan où les Égyptiens aient pu faire pousser quelques palmiers. Le dessein de l'administration est de transférer là le chef-lieu de la pro-

CES ÉCHASSIERS NE SONT AUTRES QUE DE JEUNES DINKAS

vince de Fachoda, et de ne laisser à Fachoda même qu'un poste relevé périodiquement.

Tout autour de Fachoda, s'élèvent des villages chillouks établis sur les bords de marais immenses où pullulent des oiseaux aquatiques. Il n'est pas nécessaire de passer plusieurs jours dans les environs pour se convaincre que le projet si âprement discuté à la fin de 1898, d'occuper et de garder par force un lieu si défavorablement situé, était impraticable.

Le nom de Fachoda sonne encore désagréablement aux oreilles de la plupart des Français, et j'étais moi-même, en y abordant, fâcheusement impressionné par le souvenir de l'échec immérité qu'une mission, pourtant courageuse et bien menée, était venue y subir. Mais, à la vue de ce pays où des Européens ne pourraient vivre, je dois dire que mes sentiments se modifièrent un peu. En admettant, en effet, qu'une garnison résolue et bien armée se fût établie à Fachoda, elle n'eût pas moins succombé infailliblement sous un blocus de Madhistes qui, ayant le nombre pour eux et sans s'exposer à ses coups, se seraient contentés de la harceler et de l'enfermer au milieu de ces marais pestilentiels. Si Marchand a pu y repousser une armée de Derviches, c'est que ceux-ci, déjà inquiétés par la marche victorieuse de Lord Kitchener, se présentaient dans des conditions telles que la courageuse petite troupe pouvait disposer de tous ses moyens.

Il faut reconnaître, enfin, qu'une fois les Madhistes défaits à Omdurman par le Sirdàr, la situation changeait complètement pour nous, puisque nous nous trouvions alors en face d'un état organisé, avec lequel il fallait entrer en négociations. La thèse des droits dormants de l'Egypte sur ses anciennes provinces soudanaises, allait être opposée par le gouvernement anglais à la thèse de non-possession d'un territoire abandonné par la même puissance seize ans auparavant.

Il serait oiseux d'examiner de nouveau cette question ; l'essentiel est de rappeler que ce qui en causa toute l'acuité est le malentendu volontaire sur lequel étaient restés les gouvernements français et anglais, en ce qui touchait aux droits respectifs qu'ils pouvaient éventuellement faire valoir dans la région du Haut Nil. Quant à la solution que lui a donnée le cabinet français d'alors, elle était dictée par la logique de notre politique antérieure. Il ne faut pas oublier, en effet, que si les Anglais ont seuls relevé l'Égypte de la décadence et, après lui avoir suggéré de reconquérir ses anciennes provinces équatoriales, l'ont seuls dirigée et aidée dans cette entreprise, c'est nous qui l'avons permis. Nous nous sommes écartés, de propos délibéré, d'une œuvre glorieuse et profitable à laquelle nous étions conviés et dans laquelle nos droits antérieurs nous garantissaient la meilleure part [1].

Il n'était malheureusement plus temps de revenir sur cette attitude lorsque, la tâche accomplie, l'Angleterre pouvait faire valoir à son profit exclusif les risques courus et les sacrifices faits. Pour demander à lord Kitchener de laisser Fachoda aux mains de la mission Marchand seule, il eût fallu admettre que le général anglais n'y était venu que pour exterminer à point nommé les bandes armées qui pouvaient compromettre son succès final.

Que nos regrets prennent donc une autre direction et qu'au lieu de porter uniquement sur

1. Discours de Sir S. Grey aux Communes, le 20 mars 1895. Réponse de M. Hanotaux au Sénat, le 5 avril suivant. (Voir *Annales*, janvier 1899, p. 547.)

les événements de 1898, ils remontent plus haut, à l'état de choses qui a permis qu'une mission aussi importante que celle du Congo-Nil aît pu être en quelque sorte oubliée, une fois organisée, et que son achèvement aît été si peu préparé.

On a, en vérité, essayé d'assurer l'appui et le ravitaillement par l'Abyssinie et ce fut là le but de l'expédition commandée par M. de Bonchamps. Il suffit de connaître le pays pour voir ce que ce projet avait, je ne dirai pas seulement de hasardeux, mais de totalement impossible. En fait, M. de Bonchamps ne put arriver jusqu'au Nil.

Après avoir séjourné à Fachoda, nous passâmes devant les potagers de la mission autrichienne, qui fait non loin de là des essais de jardinage. Nous étions alors en plein pays chillouk.

Resserrés, comme je l'ai dit, entre le Nil et la tribu des Baggaras, les Chillouks forment une des populations les plus denses du globe.

Tout le long de la rive, leurs villages se succèdent, espacés les uns des autres par des intervalles qui ont à peine cinq ou six cents mètres, et séparés du fleuve par une bande de plaine sur laquelle on voit paître les troupeaux, aller et venir

les habitants qui vaquent à leurs occupations
habituelles, chassent ou pêchent dans les marais.
On a comparé leurs demeures à de gros champi-
gnons. Les toits coniques, mais à pointe arrondie,
de teinte brun jaunâtre supportés par un mur
circulaire en mortier de couleur plus claire,
donnent, en effet, de loin cette illusion. Vus de
plus près, leurs villages paraissent toujours très
propres. Ils se composent invariablement de
huttes toutes semblables et fort régulièrement
bâties. Dans chacune d'elles et devant la porte,
le sol est en terre bien battue et soigneusement
entretenu. Les huttes sont très rapprochées entre
elles; au milieu du village se trouve un espace
libre où se réunissent les habitants, le soir, et où
sont plantés trois ou quatre arbres auxquels sont
suspendus de grands tambours qui servent à
donner l'alarme de village à village.

Les Chillouks s'occupent peu de culture; la
chasse, la pêche et l'élevage du bétail les font vivre
facilement. Leurs troupeaux sont magnifiques,
c'est pour eux la seule et véritable richesse. Pas
plus que leurs voisins les Dinkas, grands pasteurs,
ils ne se résoudraient à abattre une de leurs bêtes

pour la manger. Cependant, quand l'une d'elles vient à mourir, ils n'éprouvent aucune répugnance à s'en nourrir, quelle que soit d'ailleurs la cause et la date de sa mort. Lorsque le Dr Schweinfurth passa parmi les Chillouks, ils venaient d'être soumis par l'Égypte, dont l'influence ne devait guère se faire sentir sur eux pendant la période qui précéda l'insurrection mahdiste. Celle-ci survint et le pays fut de nouveau, pendant de longues années, privé de tous rapports avec le monde civilisé. Rien n'y a donc beaucoup changé depuis 1871 et j'ai pu relever chez les Chillouks, comme chez leurs voisins du Sud, les mêmes traits particuliers qu'avait notés le savant allemand. (Schw. Chap. iii.)

La race est de taille élevée, plutôt belle; c'est certainement une de celles où le prognatisme des nègres est le moins accusé.

Le Dr Schweinfurth a comparé des crânes qu'il a rapportés des environs de Fachoda avec ceux qu'on a retirés des tombeaux de l'ancienne Égypte et avec d'autres provenant de fellahs contemporains. La ressemblance est, paraît-il, remarquable. Quoi qu'il en soit, l'aspect d'un Chillouk n'a rien

DIGESTION INTERROMPUE

d'agréable. Suivant une coutume générale dans tout le bassin du Haut Nil, ils sont privés des incisives inférieures qui leur sont arrachées dès l'enfance. Il en résulte que les supérieures s'accroissent démesurément et sortent de leur bouche comme des défenses de morses.

Ce qui est frappant chez eux, comme chez les Dinkas et toutes les tribus qui habitent le pays des marécages, c'est l'analogie de leurs formes avec celle des oiseaux qui vivent dans le même milieu. Le D' Schweinfurth les désigne, ainsi que les Nouers, sous le nom générique d'hommes des marais, et constate qu'ils tiennent la même place dans l'espèce humaine que les flamants et les cigognes chez les oiseaux. Ils ont les jambes longues et maigres et marchent lentement, à grandes enjambées, en levant haut le genou. Leur corps est mince et anguleux, leur cou long et leur tête étroite et aplatie; enfin leurs pieds sont plats et larges, le talon très allongé. Ce qui complète encore leur ressemblance avec les échassiers, c'est l'habitude qu'ils ont, lorsqu'ils se tiennent debout, de ne poser que sur une jambe, l'autre restant pliée et le pied appuyé sur le genou. Il y a certainement dans tout cela un exemple curieux d'adaptation aux conditions du milieu.

Les Chillouks sont complètement nus. Les femmes portent seulement un petit tablier de cuir et rasent leurs cheveux, tandis que les hommes donnent tous leurs soins à leur coiffure. Leur chevelure est préparée à cet effet dans le bas-âge au moyen d'application de gomme et de bouse de vache. Ce procédé a pour résultat de feutrer les cheveux de telle sorte qu'on peut leur donner ensuite la forme qu'on veut. La plus répandue est celle d'un casque ressemblant à celui de la pintade. Ou bien encore, c'est un nimbe faisant le tour de la tête à la hauteur des oreilles.

Les Chillouks ont la peau d'un noir très foncé, mais ils conservent rarement leur couleur naturelle; au premier abord, leur corps semble grisâtre. Et voilà pourquoi : pour éloigner les moustiques, ils entretiennent autour de leurs habitations des tas de bouse de vache incandescents dont ils empilent soigneusement les cendres pour en faire leurs lits. Ils s'enfoncent jusqu'au cou dans cette poudre fine qui s'agglutine à la couche d'huile dont ils sont enduits et reste adhérente à leur corps. Ainsi enterrés, ils n'ont plus que leur tête à protéger contre la morsure des culex, anophèles et autres saletés qui, dès le soir venu, rendent l'existence impossible dans ce pays.

Un soir, j'eus une impression assez bizarre. Le soleil venait de se coucher quand, en passant près d'un village, je vis tout à coup, dans la demi-obscurité du crépuscule, plusieurs choses, rondes comme des citrouilles, se mouvoir par terre et se retourner avec ensemble de mon côté. Je restai d'abord stupide, puis, m'étant décidé à m'approcher, je reconnus que les citrouilles étaient des Chillouks qui, enfouis dans la cendre, se disposaient à passer la nuit. Ils sont propres, cependant, malgré ce badigeon, et ne négligent aucune occasion de se laver.

Les Chillouks obéissent à un Mek ou roi qui réside actuellement à Fachoda et qui est représenté dans chaque village par un chef local. Ils lui sont très soumis.

Ils m'ont paru assez superstitieux : ils croient aux esprits. Quant à leur religion, je n'ai pas séjourné assez longtemps parmi eux pour en apprendre quelque chose. Le Dr Innes Bey, qui a obtenu à ce sujet des renseignements directs, dit que, dans chaque « hillet » ou village, se trouve une hutte bâtie plus soigneusement que les autres et qui est la demeure du Nikama ou esprit auquel on fait des offrandes de bœufs et de grains. Nul ne peut voir cet esprit, mais il a une femme et des enfants qui, seuls, entrent dans la hutte et qui vivent des offrandes. Ce sont les intermédiaires des fidèles avec l'esprit. Ainsi le Nikama parle aux Chillouks qui s'approchent de sa demeure et lui apportent des présents. Il tranche leurs différends. Malheur à qui ne se soumettrait pas à la sentence. Les Chillouks sont convaincus qu'en pareil càs, le coupable mourrait infailliblement, comme celui qui, après avoir juré par le Nikama, ne dirait pas la vérité. Enfin, ils sont polygames.

La chasse à l'éléphant est pratiquée par les Chillouks d'une manière aussi prudente que celle de leurs voisins les Baggaras est aventureuse. Tandis que ceux-ci attaquent leur proie corps à corps, les Chillouks se servent de ruses. Ils emploient quelquefois les trappes, mais ce procédé est peu goûté ; l'éléphant, en effet, se méfie trop et tàte le sol avec sa trompe quand l'endroit lui paraît suspect. Aussi, préfèrent-ils scier aux trois quarts les arbres qu'ils savent servir d'appui à ces animaux pendant leur sommeil. Une fois leur victime à terre, il sortent en masse de leurs cachettes et la tuent à coups de lances. Il paraît, en effet, que l'éléphant d'Afrique ne se couche jamais, et pour dormir appuie ses défenses sur une branche. Celui d'Asie, au contraire, se roule volontiers, surtout dans l'eau.

Un autre moyen consiste à s'embusquer sur un arbre d'où l'on guette un passage d'éléphants, et à laisser tomber sur le cou de l'un d'eux une sorte de pieu, gros et court, à pointe acérée. Le chasseur se met alors à la poursuite de l'animal, pour l'achever dès qu'il tombera. Cette attente dure parfois huit jours, l'engin ne s'enfonçant dans les chairs que peu à peu, à chaque effort que fait la pauvre bête pour s'en débarrasser. Ainsi, de bons chasseurs tuent un ou deux éléphants par an.

Quand ils ont pris un éléphant, les Chillouks le mangent et ne manquent jamais d'en porter une partie à leur roi. C'est une sorte de tribut. Cet acte de soumission se retrouve chez toutes les peuplades adonnées à cette chasse, chez les Mombouttous, par exemple. Le roi a généralement droit à une part de la viande et aux défenses. C'est ainsi que s'alimente le commerce de l'ivoire.

Tewfikieh où nous nous arrêtâmes quelques jours plus tard, domine le Nil, un peu au-dessus du confluent de la Sobat et du Bahr-el-ghazal. C'est, comme je l'ai dit, la future capitale du Sud Soudanais. On y travaille activement. Au moment où je m'y suis trouvé, la garnison ne comprenait qu'un bataillon de noirs.

Le Soudanais devient un excellent soldat, à condition d'être payé régulièrement et de ne pas manquer de femmes. D'où la nécessité, aussi bien pour les corps soudanais français que pour les anglais, de ne se déplacer qu'accompagnés d'une colonne proportionnée de femmes et d'enfants. Dès que les hommes sont installés au cantonnement ou en garnison, un village de femmes s'élève tout près. Un roulement est établi ensuite, pour permettre à une partie de l'effectif d'y passer la nuit, tandis que l'autre reste au quartier militaire. Il est inutile de dire que, tandis que la discipline est facilement observée du côté des hommes, il n'en va pas de même du côté des dames.

La garnison de Tewfikieh jouit de ce régime spé-

DINKAS INCOMMODÉS PAR LA FRAICHEUR MATINALE (LAC DE SHAMBE)

cial. Chaque soldat a droit à une épouse, mais les ménages s'y font et s'y défont avec la plus grande facilité, ce qui donne à l'officier commandant un tintouin inimaginable. Ses doléances me rappelaient le temps où, servant moi-même aux troupes sénégalaises, j'assistais aux mêmes aventures.

Nous quittâmes Tewfikieh en compagnie de cet officier, le major Hawker; nous devions avoir avec lui les plus agréables rapports. Il se rendait, en effet, dans le dernier poste anglais situé en face du Congo belge, à Mangala, où il venait d'être nommé après avoir successivement servi dans toutes les stations du Soudan, depuis Berber. Sa carrière africaine est un exemple de l'intelligence avec laquelle les Anglais préparent et utilisent les hommes qu'ils envoient en pays de colonisation.

Nous sommes loin d'agir de même dans nos territoires d'outre-mer. Ainsi, j'ai fait connaissance dans l'Afrique occidentale, d'un magistrat, charmant homme d'ailleurs, que j'ai retrouvé successivement, dans l'espace de quelques années, à Saïgon et à Tahiti. Et ceci est la règle pour nos fonctionnaires coloniaux.

Le major Hawker connaissait admirablement

la contrée ; il a été pour nous, à la fois le plus agréable et le plus précieux compagnon de route.

Cependant, le pays redevenait morne et désolé. La steppe s'élargissait de nouveau sur les bords du fleuve et les cases chillouks n'apparaissaient plus maintenant que très lointaines. Leurs habitants pêchaient parfois sur notre passage. Dispersés en tirailleurs, ils avançaient dans l'eau en jetant leurs lances au hasard devant eux. Malgré la simplicité du procédé, leur pêche semblait fructueuse, tant le poisson est abondant. Nous-mêmes en prenions beaucoup avec un grand filet ; mais il sentait tellement la vase, qu'il était presque immangeable.

Ces poissons sont d'une voracité si grande que je les utilisais comme préparateurs. Le soir, j'attachais à une corde plongeant dans l'eau les crânes des bêtes que je voulais conserver. Le lendemain matin, ils étaient rongés, les os grattés, nettoyés, au point qu'il n'y avait plus qu'à les faire bouillir pour pouvoir les enfermer dans une caisse.

Par contre, le gibier d'eau devenait beaucoup plus rare depuis que nous avions quitté Fachoda. Le paysage commençait d'ailleurs à prendre un nouveau caractère. Depuis quelque temps, nous

BUSH BUCK. — AVANT D'ALLER AU GARDE-MANGER LE GIBIER EST PHOTOGRAPHIÉ

avions atteint la région du papyrus qui ne se rencontre plus guère maintenant au nord de cette latitude. Il pousse tellement dru, enfonçant dans l'eau sa tige triangulaire à de grandes profondeurs, qu'il forme des fourrés à travers lesquels il est impossible de passer. La chaleur concentrée au sein de cette jungle épaisse est suffocante. On ne peut mettre pied à terre, dans toute l'acception du terme, que là où les éléphants et les hippopotames ont tracé des chemins pour venir boire. Encore ces passages sont-ils des moins commodes ; le sol est défoncé par les pieds des pachydermes, qui y creusent des trous profonds de quatre-vingts centimètres à un mètre, et dans lesquels on plonge à chaque instant la jambe.

Il faut pourtant marcher dans ces conditions, au milieu d'une température d'étuve, si l'on veut gagner la terre ferme. Celle-ci, à mesure que nous remontions le Nil, nous semblait d'ailleurs s'éloigner de plus en plus du cours du fleuve, ce qui nous faisait maudire ce déplaisant pays. Nous ne connaissions pourtant pas encore le véritable marais.

Un immense marécage couvre, en effet, toute la partie de l'Afrique qui forme le bassin du Haut

Nil et ne s'arrête que devant les premiers contreforts des montagnes de l'Abyssinie. Nous n'y fûmes vraiment qu'après avoir dépassé le lac No : c'est alors que l'aspect du pays devint particulièrement impressionnant.

Jusque-là, malgré les bandes marécageuses qui nous en séparaient, le sol habitable n'avait pas cessé de nous apparaître, signalé tout au moins à nos regards par les arbres ou les toits des cases.

Ici, la scène change : on ne voit plus que des étendues illimitées de plantes aquatiques, où domine le papyrus, et c'est ainsi à perte de vue, comme une mer d'herbes. Par endroits, luisent des surfaces d'eau libre ; ce sont les innombrables lacets que font, sous cette latitude, les bras du Nil divisés en un réseau sans fin. Une impression de solitude absolue et d'appesantissement morbide s'empare de nous. Le ciel est voilé, l'atmosphère lourde et étouffante. Silence et absence de vie complète. Les oiseaux mêmes ne viennent pas jusque-là. Seul, un grand martin-pêcheur noir, à tête blanche, ressemblant à l'aigle par la taille et le plumage, est posé de loin en loin au bord de l'eau, immobile et paraissant jalonner la route. Mais

LE LADIE'S CLUB A SHAMBE

ceci n'est, hélas, qu'une vaine métaphore : jamais les difficultés de la marche n'ont été plus grandes pour nous, et jamais les points de repère ne nous ont plus fait défaut.

La végétation aquatique est tellement exubérante que ni la profondeur du fleuve, ni la violence des crues ne peuvent en arrêter le développement. Il en résulte une agglomération de hautes herbes que des espèces plus petites, poussant au milieu d'elles, viennent resserrer et emmêler davantage encore. Le Sett (ou Sud) est le nom donné à cette barrière flottante qui constitue, pour les voyageurs les plus déterminés et les mieux pourvus en moyens de toutes sortes, un obstacle parfois infranchissable. L'ambatch est, avec le papyrus, le principal élément de ces massifs herbeux; comme il croît avec une rapidité étonnante et développe ses racines dans l'eau, il arrive constamment qu'un îlot d'ambatch, se détache d'une masse plus considérable et, entraîné par le courant, aille s'arrêter un peu plus loin. C'est autour de ce noyau que d'autres herbes flottantes viendront s'amasser et se multiplier, obstruant sur ce point un passage, tandis qu'un autre s'ouvre ailleurs. C'est pour cela que l'aspect de ce labyrinthe change sans cesse et qu'il n'est pas de pilote capable de s'y retrouver en profitant des expériences antérieures. Aussi, s'engage-t-on fréquemment dans un chenal au bout duquel on se heurte à une muraille d'herbes; il faut alors rebrousser chemin pour chercher une autre voie.

Enfin, ce qui met le comble aux désagréments de la navigation c'est la quantité de tournants brusques que fait le fleuve dans cette partie de son cours. Lorsque, poussé par la mousson du Nord, le bateau arrive à l'un de ces angles droits où le courant, accéléré par la courbe rapide qu'il subit, le saisit violemment à l'avant, il se trouve pris de travers par ces deux forces contraires et exécute un demi-tour complet. Il est rare que l'on ne donne pas alors dans un banc d'ambatch, d'où l'on ne se tire qu'à grand'peine. Il faut attendre le plus souvent que le courant ait un peu dégagé l'embarcation pour tenter, avec chance de succès, une manœuvre qui la libère définitivement. Un essai de destruction de Sett a été tenté l'année dernière. Le major Matthews, gouverneur de Fachoda, y employa des colonies de Derviches récemment réduits. Le procédé consistait à faire entrer dans l'eau des hommes qui passaient de longues chaînes autour des bouquets de papyrus. Ces chaînes s'amarraient sur deux canonnières à vapeur qui, faisant machine en arrière, arrachaient ainsi par lambeaux cet amas d'herbes et de roseaux. Le travail était rude il faut le dire, et la fièvre et la chaleur firent de nombreuses victimes parmi les malheureux auxquels il était imposé. On dut l'abandonner, tant à cause de l'effrayante mortalité qui sévissait sur les travailleurs, qu'à cause de l'impossibilité où l'on se trouva de se débarrasser des monceaux de plantes ainsi déracinées. Cette expérience et les sacrifices qu'elle a nécessités n'ont cependant pas été absolument inutiles. Elle a montré, en effet, qu'on pourrait, avec des moyens plus puissants, donner un cours direct au Nil et épargner au voyageur les zigzags innombrables qui le font s'attarder dans cette région. De cette façon, on gagnerait au moins six jours de navigation entre Karthoum et Gondokoro; et on éviterait de plus une perte considérable d'eau qui s'évapore sans profit sur ces immenses surfaces, alors qu'elle serait si avantageusement utilisée dans toute la vallée. Seulement, il faudrait trouver dans le pays un élément de trafic suffisant pour compenser les frais d'une entreprise semblable.

A l'énervement que nous causait la lenteur de notre marche et notre lutte journalière contre les herbes et les surprises des courants, les insectes venaient ajouter un supplice incessant. Aussitôt le coucher du soleil, des nuées de taons, d'une espèce particulière et dont la larve se développe dans le marais, se précipitaient sur nous, et joignaient leurs morsures à celles des autres moustiques. On peut dire qu'à partir de cinq heures du soir, le pays devient infernal. Et nous nous trouvions dans la saison sèche ! Cette heure passée, nous dûmes nous abstenir de toute sortie. Nos repas pris, nous nous enfermions sous la mousseline protectrice, heureux encore que les nuits fussent assez fraîches pour nous permettre d'endurer notre triple moustiquaire. Pendant la saison humide et chaude, on ne peut, en effet, dormir sous cet abri, pourtant indispensable. On y cuit à l'étouffée, mais si, n'y tenant plus, après quelques instants de courageuse résistance, on sort à l'air libre, on devient aussitôt la proie de cette gent maudite et dangereuse.

Enfin, après six jours d'une navigation désolante à force de monotonie, la terre nous réapparaît derrière une barrière de papyrus d'une centaine de mètres environ. Du toit de notre chaland, j'aperçois avec bonheur des bandes de grues couronnées s'envoler bruyamment, des antilopes paître çà et là paisiblement; plus près de moi, des hippopotames montrent leurs têtes et replongent aussitôt. Au coucher du soleil, des éléphants qui viennent boire, s'arrêtent pour nous regarder avec étonnement. Leurs trompes levées vers nous, ils semblent vouloir se renseigner par l'odorat. La prophétie que notre Réis m'avait fait transmettre par l'interprète, lorsque nous commencions à nous engager dans le grand marais s'est réalisée : « Dans six jours, disait-il, si tout va bien, tu reverras les éléphants et la forêt et tellement de gibier que tu me diras : Allons plus loin, je suis fatigué de chasser ».

En écrivant tout à l'heure qu'un des traits particuliers au royaume des herbes était l'absence presque complète de vie animale, j'ai paru oublier l'hippopotame et le crocodile. Il n'en est rien.

On sait, d'ailleurs, que, faute de fourrage, l'hippopotame cesse d'habiter les parties exclusivement marécageuses. Nous ne devions le retrouver en familles nombreuses que bien en dessous du confluent du Bahr-el-Jebel et du Bahr-el-Zeraf, c'est-à-dire près de Shambé. Quant aux crocodiles, s'ils sont les maîtres incontestés de ces parages, il faut reconnaître qu'ils n'y apportent pas une animation bien grande et bien réjouissante, quelque nombreux qu'ils soient. Sur tous les bancs de vase, ils sont étendus par groupes, serrés les uns contre les autres. Rien ne troublant leur existence, ils parviennent souvent à des tailles colossales. Ils ont la vie tellement dure que si on ne les atteint pas à la tête d'une balle qui les paralyse, on les voit, quelle que soit leur blessure, se traîner la gueule ouverte, jusqu'à l'eau où ils s'enfoncent pour y mourir. J'ai perdu ainsi les plus beaux que j'ai tirés ; j'ai néanmoins rapporté un mâle qui mesure plus de cinq mètres de la tête à la queue.

Les aventures de chasse n'intéressent en général que celui auquel elles sont arrivées ; j'en veux cependant raconter une pour montrer à quel point ces horribles bêtes ont l'âme chevillée dans le corps.

Un jour, vers trois heures, comme je revenais de la chasse et m'étais engagé pour regagner le ba-

LA JEUNESSE DORÉE CHERCHE DANS NOTRE FILET S'IL Y RESTE DU POISSON (VILLAGE DINKA)

teau, dans un marais où j'avais de l'eau jusqu'au ventre, j'aperçus sur un banc de vase, un très gros caïman. En me dissimulant, je pus l'approcher à une dizaine de mètres et lui envoyer, simultanément deux balles de 303 dont une l'atteignit au front, et l'autre dans le corps. Dès le premier coup sa tête s'était redressée d'un mouvement brusque, puis était retombée inerte. Mes hommes venus avec des cordages, le traînèrent vers le chaland et, non sans peine, le hissèrent sur le pont où il fut solidement ligotté. Un Dinka, dépeceur attitré des animaux que j'abattais, se mit en devoir d'ouvrir le ventre de ma victime. Il avait d'autant plus d'entrain qu'il savourait ainsi le plaisir bien doux de la vengeance, son père et son oncle ayant été, paraît-il, dévorés par les sauriens. Mais à peine la pointe du couteau avait-elle entamé la gorge, que l'animal supposé mort ressuscitait tout à coup et se retournait d'un effort tellement puissant que ses liens rompirent. Dressé sur ses pattes, il lançait sa grosse tête à droite et à gauche en grognant épouvantablement, tel le monstre Fafner essayant d'atteindre le jeune Siegfrid. Son train de devant arrivait ainsi à la hauteur d'un homme debout. Mais la balle

qu'il avait dans la tête le mettait hors d'état de voir
et de se mouvoir avec à propos. J'en profitai pour
aller chercher mon revolver et le lui décharger
dans l'œil. Pour la seconde fois il retomba inerte.
Repris de nouveau et relié solidement, il trouva
cependant la force de se retourner encore lorsqu'on
lui trancha la colonne vertébrale à la hauteur de la
région lombaire. Son autopsie faite, on lui retira
de l'estomac des ossements humains qu'il n'avait
pu digérer.

Le lac No que nous traversâmes, en partie,
avant d'entrer dans le grand marais, est formé par
un élargissement du fleuve et ne mérite en aucune
façon le nom de lac; ce n'est lui aussi qu'un vaste
marais.

Notre parcours sur le Bahr-el-Jebel ne nous
offrit aucun sujet de remarque nouveau. Le temps
continuait à être frais la nuit. Dès que l'obscurité
commençait, des points brillants et mouvants illu-
minaient l'air autour de nous ; c'étaient des lucioles,
ou d'autres mouches phosphorescentes. Le jour,
la chasse occupait notre temps qui s'écoula sans
ennui jusqu'à Shambé.

Shambé, où nous fîmes halte, est un pauvre

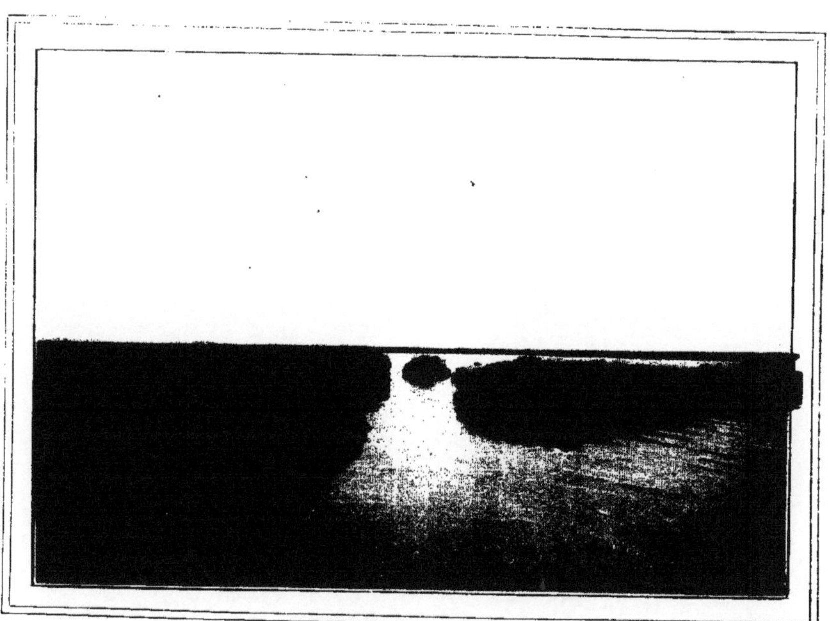

LES MÉANDRES DU GRAND MARAIS

village dinka situé sur un lac, large et peu profond, que forme un coude du Nil. C'est, je crois, l'endroit du monde où il y a le plus d'hippopotames. Cette région est le paradis des chasseurs. La forèt commence à remplacer la jungle marécageuse et regorge d'animaux de toutes espèces : zèbres, éléphants, girafes[1], antilopes; toutes les variétés y sont représentées.

Dans cette terre de promission, les animaux ignorent encore les effets de l'arme à feu. Ils ne partent qu'à portée de sagaie et s'arrêtent pour regarder curieusement le chasseur, dès qu'ils ont mis entre eux et lui la courte distance qu'ils croient suffisante à leur sécurité. En s'avançant silencieusement et en faisant usage de poudre blanche, on peut les approcher et s'en tenir constamment à très faible portée. Les éléphants sont fort nombreux aux environs de Shambé. Nous en vîmes et suivîmes un jour une bande de cent environ qui nous firent exécuter à travers la brousse et les marigots

1. La chasse en est formellement interdite. L'année dernière, le prince Henri de Lichtenstein en a tué une à la demande du British Museum. Mais, si les Européens respectent cette consigne, il n'en est pas de même des indigènes.

une course vraiment pénible, sans d'ailleurs que nous puissions les joindre.

J'ai remarqué plusieurs fois, en racontant cette anecdote, que ce nombre de cent éléphants réunis étonnait mes auditeurs jusqu'à l'incrédulité.

Outre le témoignage des gens de mon bateau, je citerai celui du Prince A. de Lucinge qui en a compté deux cents dans un troupeau et mon regretté ami Du Bourg qui en vit trois cent quarante. Quant a moi, j'en ai aperçu plusieurs fois des compagnies de plus de trente têtes.

C'est toujours un spectacle saisissant que la rencontre de ces grands animaux. Là surtout, où ils ne sont jamais ennuyés, ils se laissent inspecter de bonne grâce. Du toit de notre bateau, nous les regardions folâtrer dans les hautes herbes, du milieu desquelles émergeaient seuls, semblables à d'énormes fourmilières, leurs dos que picote sans cesse une espèce d'oiseau gris ; de temps en temps, ils levaient leur trompe pour prendre le vent, puis continuaient paisiblement leur chemin.

Nous en avions pris une photographie à une distance assez raisonnable pour qu'il nous fût per-

LES TAILLEURS NE FONT PAS DE BRILLANTES AFFAIRES CHEZ LES DINKAS

mis d'en attendre un bon cliché; malheureusement elle n'a rien donné.

Le plus gros éléphant marche toujours en tête. L'un de ceux que nous vîmes ainsi était vraiment colossal et ressemblait plus à un animal préhistorique qu'à un éléphant. Je me suis souvent demandé ce que pouvaient peser ses défenses. Elles me parurent, en effet, beaucoup plus grandes que telle autre que j'ai eue et dont le poids dépassait soixante-douze kilos.

Il est assez rare, même quand ils sont aussi nombreux, que les éléphants ne s'enfuient pas quand ils se sentent chassés. Il y a cependant des exceptions à cette règle; une fois blessés, c'est, peut-être, pour un chasseur, le plus redoutable adversaire.

Un jour, le major Hawker et l'officier soudanais qui commandait le camp de Shambé poursuivaient un troupeau d'une quarantaine de ces animaux. Hawker, ayant jeté son dévolu sur le plus gros porteur d'ivoire s'en approcha et le tira à la tête; mais la balle n'ayant pas atteint le cerveau ne fit à l'animal qu'une blessure douloureuse. A peine touché mais furieux, il fondit sur le major qui, n'ayant pas eu le temps de recharger son arme, pouvait se croire perdu quand son compagnon fit feu. Son fusil de munition ne causa pas grand mal à l'éléphant, mais la fumée produite par la poudre noire l'effraya et lui fit faire demi-tour ; sa vengeance s'était bornée à s'emparer du chapeau d'Hawker. Le Soudanais poursuivit le pachyderme et parvint à l'abattre. Si Hawker eut ainsi comme trophée une paire de défenses magnifiques, il peut du moins dire qu'il l'a échappé belle.

Quoi qu'il en soit, la chasse à l'éléphant est aussi stupide que honteuse. Au lieu de détruire ces animaux qui, dans ce pays, seraient absolument indispensables à l'homme, il serait bien des fois préférable de chercher, comme on le fait aux Indes, à les apprivoiser.

Je n'en dirai pas autant des hippopotames qui abondent sur les bords du fleuve, où ils folâtrent lourdement. Les petits montent sur le dos de leurs mères pour en redescendre aussitôt ; les gros, tantôt accroupis sur des bancs de vase, ouvrent paresseusement une gueule énorme et rosée, tantôt vautrés dans l'eau, n'en laissent émerger que leur museau, leurs yeux et leurs petites oreilles mobiles.

Tout cela est accompagné de grognements et de ronflements du plus gracieux effet.

Cette placidité ne me donnait cependant qu'une confiance très mélangée. Avant mon départ, le commandant Baratier m'avait dit de me méfier des hippopotames. J'eus bientôt l'occasion de vérifier le bien-fondé de cette recommandation.

Pour surprendre ces animaux au gagnage, nous nous étions, de grand matin, embarqués sur une pirogue du pays et dirigés vers le milieu du lac de Shambé, où ils sont plus nombreux qu'ailleurs. Stoppés à l'endroit désigné par notre guide dinka, et nous dissimulant derrière un îlot de papyrus, nous en vîmes bientôt deux sortir en grognant, à faible distance. Je tirai le plus gros qui se cabra aussitôt et plongea. Mais au bruit de la détonation, une cinquantaine d'autres que les herbes nous avaient cachés se jetèrent à l'eau en même temps. La chute soudaine d'une telle masse de chair bouleversa la surface du lac comme si une tempête y avait soufflé. Notre esquif faillit chavirer et nous fûmes tous plus ou moins précipités les uns sur les autres. Nous nous hâtâmes de nous relever et de battre en retraite à grands coups de pagaies. Toute la bande furieuse, revenue de sa confusion première, nageait en effet vers nous, une pirogue indigène n'étant pas de nature à les intimider. Je fis feu sur les plus avancés et nous arrivâmes à nous tirer sans dommage de cette situation aussi critique que ridicule.

Quelques semaines plus tard, comme je repassais à Shambé, le chef dinka me fit apporter les crânes de mes victimes de ce jour-là, avec les remerciements de ses sujets que j'avais largement approvisionnés de viande fraîche. Quand les hippopotames sont atteints dans l'eau, ils plongent et ne reparaissent plus, leur corps ne remontant à la surface que dix-huit à vingt-quatre heures après leur mort. Aussi, sont-ils perdus par le chasseur là où le courant est assez fort pour les entraîner.

Il est préférable de les attaquer lorsqu'ils sont à terre. Rien n'est amusant comme de les voir rouler au grand galop vers le fleuve et s'y enfoncer précipitamment.

La viande de l'hippopotame est détestable, à mon goût. Les indigènes la découpent en lanières de l'épaisseur du petit doigt qu'ils mettent boucaner au soleil. Quand elles sont devenues plus dures que du caillou, ils les serrent et, au fur et à mesure de leurs besoins, les mangent après les avoir fait — je ne dirai pas cuire — mais ramollir dans l'eau.

A un certain moment, mon bateau était couvert de ces lanières; mais ce pavoi d'un nouveau genre avait le grand inconvénient de sentir horriblement mauvais.

Quant aux lions que nous entendions souvent rôder la nuit, ils demeuraient toujours invisibles et introuvables, malgré l'ardeur que nous mettions à les rechercher, malgré nos affûts patients et les appâts tentants que nous leur exposions. Pour moi, ce résultat négatif n'avait rien d'étonnant : je connaissais de longue date la méfiance des félins. J'ai pu me convaincre récemment, en parcourant les notes de voyage du vicomte Du Bourg, que durant les deux années passées par lui en Afrique, il n'a pas été, sous ce rapport, plus favorisé que moi. Il a fait pourtant de magnifiques chasses. Seul, le lion ne figure pas au nombre de ses rencontres. Et cela me rappelle toutes les peines que j'ai eues, personnellement au Cambodge, pour arriver à tuer une tigresse bien que le pays en soit rempli.

A Shambé, les crocodiles pullulent comme dans le grand marais. Lors de l'essai tenté par le major Matthews pour arracher les hautes herbes du Nil, la chaleur et la fièvre faisaient tant de victimes parmi les indigènes occupés à ce travail, qu'on était obligé d'immerger en grand nombre les cadavres de ceux qui succombaient. On dirait que les crocodiles ont gardé le souvenir de cette période fortunée et guettent avidement l'imprudent qui se risquerait à un bain froid.

Comme je l'ai dit, le pays est extrêmement giboyeux, bien que la terrible peste bovine y ait causé de grands ravages, principalement dans les troupeaux de buffles. Je crois cependant que les rhinocéros doivent être très rares dans cette région, car je n'en ai jamais rencontré de traces. Par contre, j'y ai souvent suivi des girafes. La plus forte bande que j'aie vue, — elle comptait sept animaux — se trouvait justement dans ces parages.

Les girafes à l'état sauvage paraissent encore plus ridicules que dans un jardin d'acclimatation.

LE DERNIER POSTE ANGLAIS AVANT L'OUGANDA

On ne voit que leur tête et le haut de leur grand cou, auquel leur lente démarche imprime un singulier mouvement de tangage. A chaque instant, elles s'arrêtent auprès d'un acacia dont elles attirent de loin les feuilles avec leur langue. — La langue d'une girafe a dans les quarante-cinq centimètres de long. — Quand elles sont inquiétées, elles fuient avec une rapidité d'autant plus surprenante qu'elles ne semblent pas avancer. Elles se dirigent avec la plus grande habileté à travers les futaies, courbant les branches et évitant les troncs avec toute l'aisance possible. Pendant longtemps, on a cru que la girafe était un animal unique dans son genre. On vient récemment de lui découvrir un parent plus singulier encore, s'il est possible : l'okapi.

L'okapi est une bête extraordinaire; il ressemble à une mule ornée des raies du zèbre. Son cou moins grand que celui de la girafe, est cependant disproportionné, sa tête est blanche. Il habite le pays des nains entre l'Ouganda et l'Ouellé et vit dans la forêt. Aucun Européen ne l'a encore vu vivant, bien que des indigènes en apportent souvent des peaux à certains postes du Congo belge.

Ma chasse avait lieu le soir, de préférence à l'heure où tous les animaux de la forêt viennent boire au fleuve. J'avais donc à m'éloigner fort peu du Kaibar. Néanmoins, je fis plusieurs raids dans l'intérieur du pays et je pus ainsi observer de près le peuple dinka au milieu duquel nous nous trouvions alors.

CHAPITRE V

Les Dinkas habitent principalement la région qui s'étend au sud du Bahr-el-Ghazal jusqu'à la ligne de partage des eaux qui sépare le bassin du Haut-Nil du bassin du Congo. Beaucoup de traits leur sont communs avec les Chillouks dont j'ai déjà parlé. Comme ceux-ci, ils se livrent surtout à l'élevage du bétail mais, disposant d'étendues de terrain beaucoup plus grandes, ils peuvent faire paître leurs troupeaux dans de vastes parcs. Il en résulte que leurs villages offrent un tout autre aspect : leurs habitations sont beaucoup moins resserrées que celles des Chillouks et se groupent plutôt en fermes qu'en villages. Ces fermes, composées d'un certain nombre de cases, ont été fort exactement décrites par le docteur Schweinfurth. Les huttes sont plus grandes et plus solides que les huttes chillouques; les toits, coniques également, sont plus effilés. Couverts en chaume, ils donnent asile à plusieurs espèces de serpents pour lesquels les Dinkas ont une grande vénération. Cette propension des reptiles à partager l'abri des humains est moins goûtée par les Européens : je me rappelle en particulier que le major Hawker me disait éprouver parfois dans son palais gubernatorial de Tewfikieh, dont la superbe toiture en paille était remplie de serpents, une sensation plutôt désagréable. Les Dinkas ont le privilège d'en être exempts. Comme les Chillouks, ils font aussi grand cas de la bouse de vache qu'ils brûlent pour éloigner les moustiques et dont les cendres mises en tas leur servent de lits. Pour dormir, ils se recouvrent entièrement de cette poudre impalpable qui leur reste ensuite collée au corps. Ces malheureux manquent absolument de sel et, pour y remédier, lavent leurs ustensiles de ménage avec de l'urine de vache. Je trouvais cette coutume assez ennuyeuse et voici pourquoi : quand j'avais tué une bête importante, je faisais prévenir le premier village dont les habitants — femmes et enfants compris — arrivaient aussitôt. En un clin d'œil, l'animal était débité. J'en gardais fort peu de chose : la tête et quelques morceaux pour mes hommes. Le reste, immédiatement distribué et mangé, transportait d'allégresse toute cette population nègre dont le chef, en signe de gratitude, m'offrait presque toujours de la mérissah; malheureusement, le vase qui la contenait avait été lavé à l'urine de vache; et la mérissah en avait hérité un goût si désagréable que je me serais bien volontiers passé de ce témoignage de reconnaissance.

Tout ce qui vient du troupeau est, à leurs yeux, tellement précieux que les usages que je viens de mentionner ne peuvent leur paraître malpropres. Le prix qu'ils attachent à la possession de leur bétail est si grand que, malgré le plaisir qu'ils éprouvent à manger de la viande, ils n'abattent jamais une de leurs bêtes pour s'en nourrir. Si une vache meurt de maladie, ou d'accident, elle est mangée par les voisins du propriétaire; celui-ci est généralement trop accablé par le chagrin pour prendre part au festin. Le docteur Schweinfurth avait déjà remarqué que, malgré les soins méticuleux qu'ils ont pour leurs troupeaux, la race bovine des Dinkas s'abâtardit. Il avait constaté que sur cent bêtes, il en est à peine une qui soit capable de faire un voyage ou de porter un fardeau. Il attribuait cette dégénérescence au défaut de croisement et à la privation de sel. Aujourd'hui la terrible peste bovine a fait de tels ravages dans ces régions que, sur certains points, les Dinkas ont perdu tous leurs bestiaux.

Les Dinkas présentent à un degré plus accentué encore que les Chillouks, ce curieux « type échassier » propre aux habitants des marais. Ils sont longs et décharnés, au point d'en paraître monstrueux, et atteignent des tailles colossales. Complètement nus, ils sont recouverts d'une couche de cendre grise qui leur donne un aspect littéralement déconcertant quand on n'est pas habitué à leur vue. Leur chevelure n'étant jamais assez abon-

LE NIL VERS GONDOKORO

dante pour leur permettre le luxe de coiffure des Chillouks, ils la portent divisée en petites nattes, mais, pour la plupart, ils ont la tête rasée comme le montrent nos photographies. Les hommes se font un tatouage spécial qui seul fait reconnaître le Dinka parmi d'autres nègres et consiste en un ensemble de dix raies, partant de la base du nez et striant le front et les tempes. Ils se percent volontiers les oreilles pour y suspendre des anneaux de fer. Ils s'arrachent, eux aussi, les incisives inférieures, ce qui ne contribue pas à leur donner un extérieur plus avenant. Les femmes portent généralement une perle de verre enchâssée dans la lèvre supérieure; leurs cheveux sont courts; leur costume se résume en un petit tablier de cuir et souvent même, elles sont tout à fait nues. Elles doivent être très prolifiques, si j'en juge par l'état de grossesse dans lequel, quel que soit leur âge, elles semblent se complaire. Toutes celles que j'ai vues étaient hideuses, mais une parmi toutes a frappé mes esprits. Cette vieille dégoûtante n'avait pas d'âge, mais elle paraissait bien cent ans et elle avait l'audace d'être grosse à pleine ceinture.

Ces dames accouchent debout, en se plaçant

le front sur un morceau de bois qui ressemble à un joug. Cette opération a lieu avec la plus grande facilité dans une case spéciale tenue d'ailleurs très proprement. Le lendemain, elles vaquent à leurs occupations, comme si rien ne s'était passé. Les enfants doivent mourir en grand nombre.

L'arme principale des Dinkas est la lance, dont le fer, forgé chez les Niams-Niams, est d'une trempe et d'un tranchant redoutable. Ils emploient aussi pour combattre une sorte de massue en bois, que je n'ai vue qu'entre leurs mains. Ils n'ont ni arcs, ni flèches.

Schweinfurth a présenté les Dinkas comme un peuple pacifique, vivant patriarcalement du produit de ses troupeaux. D'après lui, les hommes sont courageux et fiers, les femmes d'excellentes ménagères. Je n'ai pas sur ces nègres que je considère comme les plus sauvages de l'Afrique, une aussi bonne opinion : je les tiens pour de véritables brutes. Lord Wingate leur ayant, par exemple, apporté du grain à semer, ils ne trouvèrent rien de mieux que de le manger, ce qui constitue une singulière façon de le cultiver. Il est probable, du reste, que je les ai observés dans d'autres conditions et d'autres dispositions que celles où les a trouvés le voyageur allemand. Ces infortunés doivent être, au point de vue moral, beaucoup plus déprimés aujourd'hui qu'ils ne l'étaient lors de son passage : ils sont, en effet, maintenant pris, pour ainsi dire, entre les deux mâchoires d'une tenaille. D'une part, les brigands du Darfour et du Kordofan, leurs éternels ennemis, continuent à les piller sans merci, de l'autre, les Anglos Égyptiens les soumettent à l'impôt et les contraignent à l'observance de diverses coutumes civilisatrices qui ne peuvent que sembler odieuses à ces « fils de la nature ». Aussi, leur mauvaise humeur se fait-elle parfois sentir aux représentants du pouvoir établis à Khartoum et les divers attentats qu'ils ont commis sur les Européens au cours de ces dernières années les font-ils considérer comme des gens d'une cordialité douteuse.

J'avais été avisé, quant à moi, par les autorités militaires du Soudan, qu'il y avait danger à m'aventurer parmi eux. Quelque temps auparavant, un officier anglais avait été assassiné dans un district situé un peu plus à l'Ouest. Je me tenais donc un peu sur mes gardes, mais je dois dire qu'ils ne m'ont jamais causé aucun ennui. Ces Dinkas avaient reconnu en moi un voyageur venu chez eux uniquement pour chasser et, comme je leur abandonnais la viande des pièces abattues, ils me suivaient et me guidaient dans mes chasses avec une bonne volonté qui ne s'est jamais démentie.

C'est ainsi que j'ai pu admirer combien les sens de ces hommes sont affinés et sûrs et combien plus efficacement ils les servent que ne le feraient l'intelligence et le raisonnement dont disposent les hommes civilisés.

Leur ouïe, leur odorat ont une sensibilité prodigieuse; ils retrouvent une piste perdue en flairant une poignée de terre, leur vue est si perçante qu'ils apercevaient le gibier là où je ne pouvais absolument rien distinguer. Tout indice est saisi et interprété par eux sans hésitation ni erreur.

A les voir ainsi, obéir sans contrainte à leur nature, on cesse d'être choqué de leur laideur. Ils apparaissent comme des animaux bien adaptés aux conditions de leur existence et dont on ne peut, sans absurdité, attendre autre chose que le souci des moyens de conservation ou de la proie à poursuivre.

Néanmoins, leur situation au milieu des tribus voisines, ou la nature particulière des ressources locales, ont amené les différents peuples de cette partie de l'Afrique à se spécialiser, à développer certaines aptitudes qui les distinguent particulièrement, alors que la qualité de chasseur leur est commune à tous. C'est ainsi que quelques-uns sont pasteurs, comme les Chillouks et les Dinkas, d'autres sont forgerons, comme les Mittous et les Niams-Niams, d'autres encore pratiquent les échanges et le commerce, comme les Baris. Les blancs ont quelquefois développé ces facultés particulières par le parti qu'ils en ont tiré en choisissant, par exemple, leurs porteurs dans telle tribu, leurs soldats dans telle autre.

N'ayant pas séjourné dans le bassin du Haut-Nil assez longtemps pour le parcourir dans toutes ses parties, ni pour dresser des vocabulaires indigènes, je ne puis indiquer des délimitations précises aux aires d'habitations des multiples peuplades qui s'y présentent avec des noms et des dialectes différents. Ce fut lorsque j'eus quitté

Shambé pour me diriger vers le Sud, que j'entrevis toute la difficulté d'une classification ethnographique. La transition entre l'élément dinka et l'élément niam-niam m'a semblé notamment très délicate à saisir.

Aussi, lorsqu'on impute aux Niams-Niams[1] seuls l'anthropophagie qui est pratiquée dans cette partie de l'Afrique, on allège, à mon sens, la réputation d'un certain nombre de tribus, d'une charge qu'il serait plus juste de laisser peser sur elles. Il n'y a rien, d'ailleurs, que de très normal à ce que, là où ils se fondent presque avec eux, les Dinkas, Baboukres, Bongos, Baris et autres peuples placés dans les mêmes conditions, aient pris les habitudes et les mœurs des Niams-Niams, cannibalisme inclus. En résumé, on peut dire que, d'une façon générale, la population du Bahr-el-Ghazal se partage en deux grandes tribus : Dinkas et Niams-Niams. Les autres, plus petites, qui ont dû demander aux premiers protection contre les seconds ou réciproquement, se sont fondues dans l'un ou l'autre de ces groupes principaux. Ceux-ci

1. Embrigadés par les Belges les Niams-Niams deviennent d'excellents soldats.

MES COMPAGNONS DE CHASSE

se sont eux-mêmes mélangés en bien des points, soit par la nécessité des échanges, soit à la suite de guerres.

Cette pénétration a pour résultat, dans plusieurs villages, une confusion qui se révèle par l'hétérogénéité des types et par une grande imprécision de langage. Un naturel interrogé sur le nom d'un objet ou d'un animal très vulgaire, répond souvent par un nom tout différent de celui que donnera son voisin.

En pénétrant dans le Sud-Ouest, on trouve prédominance de la famille Niam-Niam.

Les Niams-Niams ou Azandés sont de beaucoup les plus intelligents et les plus avancés des sauvages qui habitent cette portion du continent noir.

Le colonel Sparke les considère comme braves et soucieux de progresser (« anxious to progress[1] »).

Le gouvernement du Soudan trouve en eux, paraît-il, des sujets bien disposés et qui ne demandent qu'à développer leurs relations extérieures et leur commerce, tandis que les Dinkas qui four-

1. *Reports on the finance, administration and condition of Égypt and Soudan,* in 1902.

nissent de bons soldats, sont d'autre part de peu enviables citoyens.

Il n'est malheureusement que trop vrai que la race, relativement supérieure des Niams-Niams, s'adonne au cannibalisme. Les efforts faits jusqu'ici pour les détourner de cette coutume, dont la principale raison d'être est l'absence de bétail ou l'insuffisance du gibier, ont échoué jusqu'ici. Un de leurs principaux chefs, Tembura, demande bien à échanger son ivoire contre des troupeaux, mais il paraît que ce bétail est mangé sans qu'on cherche à s'en assurer un approvisionnement continu en le faisant reproduire; aussi l'anthropophagie demeure-t-elle chez eux invétérée.

Nous avions un drogman qui était, bien que turc, le plus peureux des hommes.

Jamais il ne sortait du bateau que lorsque Pracomtal l'obligeait à le suivre pour porter son appareil photographique. Quand on lui faisait honte, il répondait : « Une fois j'ai vu la tête d'un homme dans une marmite et la pensée que ça aurait pu être la mienne me bouleversa trop pour me laisser du courage ».

J'anticiperai un peu sur l'ordre de mon itiné-

SOIR DE CHASSE

raire pour dire quelques mots de la curieuse race
des Akkas dont les échantillons ne sont pas rares,
bien que leur habitat soit encore assez éloigné.
Un belge industrieux en avait réuni quelques-uns
qu'il se disposait à faire figurer à l'Exposition de
1900, lorsqu'il en fut empêché par le gouvernement.

Tout le monde sait aujourd'hui qu'il existe, au
centre de l'Afrique, un peuple qui, depuis des
milliers d'années, jouit d'une renommée légen-
daire. C'est cette race de nains audacieux dont
Homère, Hérodote et Aristote ont, les premiers,
fait une mention assez précise et qui étaient
devenus, dans l'imagination des anciens, un peuple
fabuleux livrant aux grues, venues de Scythie, des
combats sanglants. Les contes que l'on faisait sur
eux, en s'adaptant aux âges et aux milieux dans
lesquels ils se transmirent, ont pris mille formes
variées depuis l'histoire des pygmées qui, selon les
poètes grecs, chevauchaient des lièvres et même des
fourmis, jusqu'à celles des Lilliputiens de Swift,
la plus ingénieuse et la plus connue.

J'étais donc fort désireux de me rencontrer avec
quelques représentants de cette race d'homuncules

qui, restée semblable à elle-même, depuis l'époque mythique, avait prêté à la fantaisie des poètes et des conteurs de tous les temps.

Le D\` Schweinfurth est le premier voyageur moderne qui ait observé de près les Akkas. Il donne sur eux des détails que confirment ceux que j'ai recueillis moi-même. Leur taille varie de 1 m. 40 à 1 m. 50; ils ont la tête très grosse, les bras et le corps trop longs par rapport aux jambes; le ventre est arrondi en forme de panse. Ils ne sont nullement velus comme le prétendaient les anciens voyageurs qui ne les décrivaient que d'après les dires des autres indigènes; au contraire, leur barbe est rare, leur chevelure courte et laineuse. Leur peau est d'une teinte généralement un peu foncée. Schweinfurth a été frappé de leur ressemblance avec les Bushmen, cette autre peuplade naine de l'Afrique méridionale.

Mais tandis que les Bushmen mènent une vie précaire et sont poursuivis et traqués par leurs voisins, blancs et noirs, comme des êtres malfaisants, les Akkas traitent d'égal à égal avec les Monbouttous et les Niams-Niams qui les respectent à cause de

IL EST SI BEAU L'ENFANT AVEC SON DOUX SOURIRE!

leur courage et de l'habileté avec laquelle ils se servent de leurs lances et de leurs flèches empoison-
nées. Les Akkas passent, en somme, pour des êtres
fort méchants et d'intrépides chasseurs d'éléphants.
Ils sont, en effet, intelligents et braves et il est certain qu'ils répandent autour d'eux une sorte de
crainte superstitieuse.

Après quelques jours passés à Shambé, nous
avions repris notre route vers le Sud; aucun inci-
dent ne signala cette partie de notre voyage.

Les rives du Nil continuaient à nous présenter
une brousse épaisse, formée d'essences de plus en
plus nombreuses. La grande forêt équatoriale était
proche. Au point de vue de la chasse, le pays est
merveilleux; mais les bords de l'eau y sont par
trop infestés de crocodiles et de serpents.

Les serpents ne se contentent pas seulement
d'occuper les rives, ils traversent l'eau à la nage et
un jour même, notre mécanicien tua sur le bateau
un grand python qui cherchait à manger nos
poulets. Il avait près de 8 mètres de long. Ces gros
reptiles sont plus effrayants que redoutables.
Chaque fois qu'ils le peuvent, en effet, ils évitent
l'homme; ils sont, de plus, très faciles à tuer et ne

sont pas venimeux. Ils sont cependant extrêmement forts, mais encore faut-il qu'ils puissent, après
avoir entouré leur proie, boucler la boucle. J'ai vu,
par exemple, un jeune Cob[1] qui avait eu ainsi les
reins cassés. Mais je me demande ce que les
pythons peuvent faire de semblables victimes, puisqu'il leur faut un temps et un travail épouvantable
pour avaler un lapin ou une poule.

Pendant leur digestion qui est lente et difficile,
ils demeurent sans bouger, et on peut, comme cela
m'est arrivé, en tuer avec du petit plomb. Somme
toute, pour l'Européen ce n'est pas un animal bien
dangereux.

A Kenisseh, nous quittâmes le *Kaibar* qui ne
devait pas remonter plus haut et nous prîmes place
dans une petite canonnière du gouvernement de
l'Ouganda qui, de Gondokoro vient correspondre
avec le bateau de Khartoum.

A Gondokoro, la navigation s'arrête devant les
rapides qui commencent quelques kilomètres au-
dessus. Si l'on veut pousser plus loin, il faut
remonter le fleuve en suivant les rives à cause du

1. Cobus defassa, antilope.

mauvais état des routes, ce qui demande sept jours de marche. Une véritable caravane est nécessaire; les porteurs sont accordés par le gouverneur.

Les rapides franchis à Nimoulé, la navigation reprend jusqu'aux Grands Lacs. On traverse l'Albert-Nyanza sur un voilier à coque d'acier; un bateau à vapeur dessert le Lac Victoria, entre Mengo et Port-Florence; de là, après deux jours de marche, on parvient à la ligne de Mombaza et l'on finit le voyage en chemin de fer.

Gondokoro est, depuis 1896, compris dans les limites de l'Ouganda. En y arrivant, nous allions donc nous trouver soumis à une législation nouvelle, obligés de remplir de nouvelles formalités et de demander un nouveau permis de chasse.

Mais en raison de l'impossibilité de continuer à remonter le Nil, il nous fallait, pour pousser plus loin, organiser entièrement une deuxième expédition. Les difficultés que cela présentait et l'intention de revenir manifestée par mon compagnon de voyage, me firent abandonner ce projet et hâter le retour.

Nous regagnâmes donc bientôt Shambé par la canonnière, mais là, quittant momentanément la voie fluviale, nous nous dirigeâmes sur Rumbeck, à travers le pays le plus giboyeux peut-être de toute l'Afrique.

C'est dans cette partie de notre voyage qu'il m'arriva une petite mésaventure.

J'avais quitté le bateau pour aller à la chasse et, de poursuite en poursuite, je m'étais laissé entraîner très loin dans la forêt quand le soleil se couchant sans crépuscule, comme il arrive sous les tropiques, je me trouvai subitement dans la nuit. J'avais tué cinq grandes antilopes et les ayant laissées aux deux hommes qui m'accompagnaient toujours, pour qu'ils en fissent un convoi et les por-tassent à bord, j'avais continué avec un guide dinka.

Une fois la nuit venue, je fis comprendre à mon nègre qu'il fallait prendre le chemin du retour et nous partîmes lestement. Tout alla bien d'abord, mais bientôt les moustiques nous assaillirent; puis il nous fallut passer plusieurs marais avec de l'eau à mi-cuisse et une multitude de bêtes grouillant autour de nous. La piste que nous suivions était extrêmement étroite et à chaque instant, je laissais un peu de moi-même aux buissons d'épines. Enfin, la fatigue commença à se faire sentir. Il me semblait que je marchais ainsi depuis très longtemps et rien ne m'indiquait que j'approchais du but. Très ennuyé, je me demandais si mon Dinka ne m'entraînait pas dans une direction opposée; mais, comme il n'y avait rien à faire, je continuais à le suivre. Le temps passait; nous marchions toujours quand, soudain, mon guide me fit voir loin, très loin, une lueur rouge dans le ciel. Une heure après, j'arrivais au bateau, mais si fatigué que je pouvais à peine en gravir l'échelle et que, Hawker m'ayant donné à boire une bouteille de bière, je fus ivre presque aussitôt.

C'était à Pracomtal que nous devions d'avoir retrouvé notre route; inquiet de ne pas me voir revenir, il pensa que je m'étais peut-être perdu et, pour m'indiquer la direction, il fit mettre tout simplement le feu à la forêt, d'où l'embrasement du ciel que j'aperçus avec un si grand plaisir.

Je ferai grâce au lecteur du récit de nos aventures dans une région où le gibier de toutes tailles pullule et n'a jamais été tiré. Les incidents de chasse ne deviennent intéressants que lorsqu'ils se transforment en accidents et, malheureusement, je n'en ai pas pour corser mon récit.

Je ne veux pas cependant quitter l'ancien royaume de M'tésa sans dire un mot de la maladie du sommeil qui, depuis deux ans, y fait de si terribles ravages.

C'est un mal singulier, dont on ignore encore et l'origine et le traitement, si bien que les malades succombent dans la peu réjouissante proportion de cent pour cent. Cette année, il est mort trente mille indigènes sans qu'aucun blanc ait été atteint. Les médecins pensent généralement que cette maladie est due à un microbe intestinal, mais en attendant, elle se propage d'une manière effrayante et ils sont impuissants, comme dans bien d'autres cas, à l'enrayer.

De Shambé à Rumbeck, la population indigène est extrêmement rare et clairsemée.

Elle comprend les Dinkas qui se sont rendus coupables de l'attentat commis en 1902 sur le convoi commandé par le lieutenant Scott-Barboux. La punition qu'ils se sont attirée a dû produire sur eux une impression profonde, car, lors de mon passage, ils paraissaient être encore sous le coup d'une véritable terreur. Le pays est monotone et sans intérêt; c'est une brousse entrecoupée de marais.

UN CAMPEMENT CHEZ LES DINKAS

Nous ne fîmes que le traverser jusqu'à Meshra-es-Reck, station située sur le Bahr-el-Ghazal où nous attendîmes le bateau à vapeur qui est chargé du ravitaillement de la petite garnison.

Pendant notre séjour, son commandant, le capitaine Armstrong, fut tué par un éléphant qu'il avait blessé en le tirant avec un 3o3. Je suis persuadé que cet accident eût été évité, si le capitaine se fût servi d'un plus gros calibre.

Notre retour s'effectua sans incidents nouveaux. Après avoir un peu remonté la Sobat, nous repassàmes à Fachoda, et, en employant, dans l'ordre inverse, les différents moyens de transport dont nous avions fait usage à l'aller, nous regagnâmes les centres civilisés un peu avant la saison des pluies.

J'ai dit qu'à mon premier passage, j'avais eu comme compagnon de route, le neveu du Mek des Chillouks ; au retour, je fis le voyage avec le Mek lui-même, accompagné de trois vieilles femmes et d'une garde de quelques guerriers ; nous avions aussi à bord une jeune panthère, un jeune lion et un missionnaire autrichien qui retournait en Europe après un long séjour chez les Chillouks dont il parlait la langue. C'était un fort brave homme et un grand chasseur, par l'intermédiaire de qui nous avions avec le Mek de nombreuses conversations.

Ce Mek était un gaillard sans scrupules, dont les Anglais n'avaient pas qu'à se louer. Aussi, le Sirdàr avait-il résolu de remettre sur le trône celui qui en avait été dépossédé par l'assassinat. Il appela donc à Khartoum, sous un prétexte quelconque, l'assassin — le Mek en question — et en profita pour l'exiler. Ce fut fait si habilement que le futur prisonnier ne se douta de rien jusqu'au dernier moment. Il adorait l'eau-de-vie. J'avais le désir, désir stupide, je le confesse, d'avoir un de ces talismans que les Chillouks portent au cou et je désespérais de m'en procurer un, lorsque mon interprète eut la bonne idée de montrer au monarque une bouteille de tord-boyaux. Le marché fut immédiatement conclu : il ordonna à ses gardes de saisir sur-le-champ un des Chillouks qui l'accompagnaient ; et, malgré ses protestations, on lui enleva son talisman, tandis que le Mek avalait d'un seul trait le contenu de la bouteille. Je pensais le voir tomber mort ; il n'en fut rien : il se

UN GROUPE DE PHILOSOPHES

contenta de dormir profondément pendant douze heures consécutives.

Les trois femmes que le *Mek* avait amenées étaient trois vieilles sorcières, de rang distingué, qui, pour la circonstance, avaient revêtu une sorte de robe marron ornée de sortes de dentelles. C'est dans cet accoutrement qui les gênait beaucoup qu'elles se livraient aux soins du ménage, le pilage du sorgho ou la surveillance de la marmite. Aussi, pour plus de commodité, elles retroussaient leur jupe, par en bas jusque bien au-dessus du derrière et par en haut la roulaient au-dessous des seins. Je m'étonnais, un jour, auprès du Mek de ce que, possédant trois cents femmes, il en eût choisi de si vilains spécimens pour se rendre chez le Sirdàr. « C'est que ce sont de vieilles parentes à moi, me répondit-il elles sont laides et méchantes, mais quand je reviendrai, je ne les préviendrai pas et je les laisserai à Khartoum. » Il doit bien vivement regretter son choix et la pensée qui le lui a dicté, maintenant qu'il est probablement à perpétuité exilé avec elles à Ouadi-Halfa.

Ainsi se termina ce voyage dont je n'ai pu, je le sais, donner ici qu'une relation imparfaite.

Lorsqu'on se trouve, en effet, dans des pays trop différents des nôtres, on peut être influencé par deux ordres d'impressions contraires. Ou bien la réalité est inférieure à la représentation que nous nous en faisions d'avance, et alors le connu ou la monotonie des sites, l'isolement dans d'immenses étendues dépourvues de tout ce qui peut nous être un secours en cas de besoin, les dangers cachés, les maladies, l'impossibilité de communiquer avec les hommes qui nous entourent, viennent s'unir pour nous faire perdre ce désir de connaître, ce goût de l'aventure, ce besoin de conquérir qui nous pousse tous à agir et à avancer dans la vie. Ou bien, le pays conserve son prestige, il nous multiplie les sensations neuves et fortes; et, s'il revêt de temps en temps un aspect uniforme ou désolant, il conserve cependant quelque chose d'équivoque ou d'assez énigmatique pour tenir l'énergie en éveil. Telles sont, par exemple, les solitudes indéfinies des grands marais du Bahr-el-Ghazal où, bien que fatigué par la fièvre on est constamment soutenu par l'envie de connaître ce qu'il y a derrière cet horizon d'herbes et d'eau. Dans ce second cas, il semble que ces sen-

SOUS LE GIBIER QUI SÈCHE SUR LE TOIT, CE GENTILHOMME TRISTEMENT ACCROUPI
EST TOUT SIMPLEMENT LE ROI DES CHILLOUKS

sations inconnues ou violentes se superposent les unes aux autres, que chaque heure est plus remplie que ne l'est souvent une vie d'homme tout entière et, cependant, au récit, tout cela se résout en un ou deux tableaux; sous la plume quand ce n'est pas celle d'un maître, il ne vient qu'un petit nombre de pages incolores et sans relief. Toute cette vie diverse, éclatante, intense et sans cesse renouvelée qui nous a entourés, subjugués pendant plusieurs mois, tout cela reste en nous.

Pour nous seuls, nous gardons le pouvoir de faire revivre les sensations d'hier. Les redites continuelles, la monotonie du langage seraient le châtiment de notre audace si nous tentions de reproduire pour autrui ce qu'il n'a pas encore perçu par lui-même.

Je renonce donc à peindre et je me bornerai en terminant à dire en quelques mots ce que je pense de l'avenir qui se prépare pour le Soudan égyptien.

Au cours de ma longue excursion, j'ai pu me rendre compte de beaucoup de faits que j'avais à peine soupçonnés jusque-là. De plus, j'ai eu l'avantage de m'entretenir avec plusieurs officiers et fonctionnaires anglais qui travaillaient depuis 1899 à l'organisation administrative et économique de cet immense territoire.

Sous la direction du général Wingate, chaque année marque un progrès bien acquis, vers la pacification et la mise en valeur d'une contrée dans laquelle les Européens n'ont pu, pendant longtemps, pénétrer à aucun titre que ce fût.

J'ai dit, au début, de quelle importance est pour l'Égypte la possession des provinces équatoriales. Elle peut compter aujourd'hui, non seulement sur une sécurité complète de ce côté, mais encore sur une amélioration continue de son état économique par la bonne utilisation des eaux du Nil. Cette question de la navigabilité du fleuve prend une importance d'autant plus grande que l'idée d'un chemin de fer du Cap au Caire paraît définitivement abandonnée. Il a fallu reconnaître, en effet, que dans la partie équatoriale de la ligne projetée, particulièrement celle qui aurait franchi le bassin du Haut-Nil, les travaux commencés dans la saison sèche auraient été périodiquement détruits dans la saison des pluies. Le Nil restera donc la grande voie de communication entre la

POUR SE PROTÉGER DES MOUSTIQUES LES DINKAS S'ENDUISENT LE CORPS DE CENDRE
ET DE BOUSE DE VACHE

région des grands lacs et le centre du Soudan, surtout quand on aura repris la destruction du Sett.
Cependant, en l'état actuel des choses, le trafic ne
parviendrait pas à compenser le coût des travaux
de navigabilité, et d'après sir Elliot, la découverte
de gisements miniers pourrait seule l'alimenter
suffisamment.

En attendant, on va construire une ligne de
chemin de fer entre Suakim et Berber. Les poli-
ticiens aux vues étroites, s'étaient alarmés de ce
projet dont l'exécution devait, disaient-ils, avoir
pour résultat de drainer une partie du commerce
de l'Égypte vers la mer Rouge. Comme l'a très
bien vu lord Cromer, les ports de la mer Rouge
sont les voies d'écoulement naturel du commerce
de tout le Soudan ; or, il est presque toujours pré-
judiciable et même, à la longue, impossible de con-
traindre le commerce à suivre un chemin artificiel.

D'ailleurs, dit encore Lord Cromer, les intérêts
de l'Égypte exigent que le Soudan puisse se
suffire à lui-même dans le plus bref délai possible.
Si les recettes de la douane de Souakim venaient
à s'accroître, l'Égypte en profiterait aussitôt, car
elle pourrait diminuer sa contribution aux dé-

penses du Soudan. Une seconde ligne partant d'un autre point à déterminer de la vallée du Nil, et aboutissant au lac Tsana, sera peut-être entreprise avant peu.

La tendance prédominante de la politique anglaise est donc de faire communiquer le plus largement possible le Soudan avec les ports de la mer Rouge. Les négociations entreprises avec l'Abyssinie ont également pour but, plus ou moins apparent, la pénétration dans ce pays.

Un autre projet considérable, qui complète bien ceux dont je viens de parler, est aussi à l'étude. On a reconnu que les barrages d'Assiout et d'Assouan, récemment construits, ne donnent pas le volume d'eau capable d'accroître dans toute la mesure du possible, le rendement des terres cultivables. La nécessité d'un nouvel ouvrage a donc paru s'imposer. Cet ouvrage serait situé, non plus sur le Nil Blanc, mais sur le Nil Bleu qui a, en effet, pour principal réservoir le lac Tsana en Abyssinie.

La construction d'un barrage élèverait le niveau de ses eaux et permettrait d'en régulariser la distribution.

Mais une considération politique vient compliquer l'élaboration de ce projet. L'Angleterre, pour des raisons que l'on comprend, veut se ménager l'Empereur Ménélik sur les possessions de qui se trouve le lac Tsana ; il s'agit donc de ne rien mettre en œuvre de ce côté avant de s'être assuré de son agrément.

Mais, d'autre part, tout en désirant voir aboutir ce plan, les cercles officiels anglais n'omettent pas de signaler l'imprudence qu'il y aurait à établir un ouvrage d'un intérêt aussi capital, puisqu'il est destiné à régler, en grande partie, le régime hydrographique de l'Égypte, sur un territoire dépendant d'un gouvernement étranger, si bien disposé fût-il. La question paraît donc se présenter sous cet aspect complexe : « Il est nécessaire de poursuivre le projet de barrage du lac Tsana à cause de l'incontestable utilité qu'il présente, mais il est entendu qu'on ne peut ni ne doit rien entreprendre sans le bon vouloir de l'Empereur Ménélik, avec qui il est indispensable de conserver les meilleurs rapports; cependant, il faut se préoccuper de la situation spéciale dans laquelle se trouvera cet important barrage qui sera placé hors de la protection des seuls intéressés ». Il semble que ce soit là un cercle vicieux dont on ne saurait sortir qu'en renonçant à tous travaux sur la partie éthiopienne du Nil Bleu et de ses affluents. En réalité, il n'y a là qu'une de ces situations ambiguës dont est loin de s'effrayer la diplomatie britannique qui excelle au contraire à les créer et à les résoudre à son profit, lorsque le temps a mûri les questions. On ne se presse donc pas; pour le moment, on prépare les voies et un premier résultat dans ce sens a été obtenu par le traité du 15 mai 1902, entre l'Empereur Ménélik et le gouvernement anglais[1].

Quant aux conséquences que l'exécution d'un tel projet pourrait avoir dans la suite, on semble, du côté anglais, ne point les soupçonner; mais l'Empereur Ménélik a de bonnes raisons pour ne pas se montrer aussi candide et pour craindre que,

1. L'article II est ainsi conçu :

« Sa Majesté l'Empereur Ménélik II, Roi des Rois d'Éthiopie, s'engage vis à vis le Gouvernement de Sa Majesté Britannique à ne construire ni autoriser la construction d'aucun ouvrage situé sur le Nil Bleu, le lac Tsana ou le Sobat qui pourrait arrêter le cours des eaux vers le Nil Blanc, sauf en cas d'agrément avec Sa Majesté Britannique et le Gouvernement du Soudan. »

« s'il laisse prendre un pied chez lui, on en ait bientôt pris quatre ». De là, sa circonspection en présence des avances de toutes les puissances européennes en général et, en particulier, de celles de l'Angleterre.

Un officier anglais avec qui je causais de ces choses, pendant mon séjour à Fachoda, me disait : « Quand le barrage du lac Tsana sera construit, il faudra certainement y envoyer une bonne garnison pour le garder. » Cette réflexion, inspirée par le sentiment positif de la nécessité des faits, m'a confirmé dans l'idée que les méfiances du Négus ne sont probablement pas mal fondées....

Me voici arrivé au terme de mes notes, je suis, hélas ! certain qu'elles dépeignent bien mal les pays extraordinaires que j'ai traversés. J'espère cependant que les photographies, prises presque toutes par Pracomtal, suppléeront un peu à cette insuffisance et éclaireront un texte bien médiocre.

FIN

53259. — PARIS, IMPRIMERIE LAHURE
9, RUE DE FLEURUS, 9

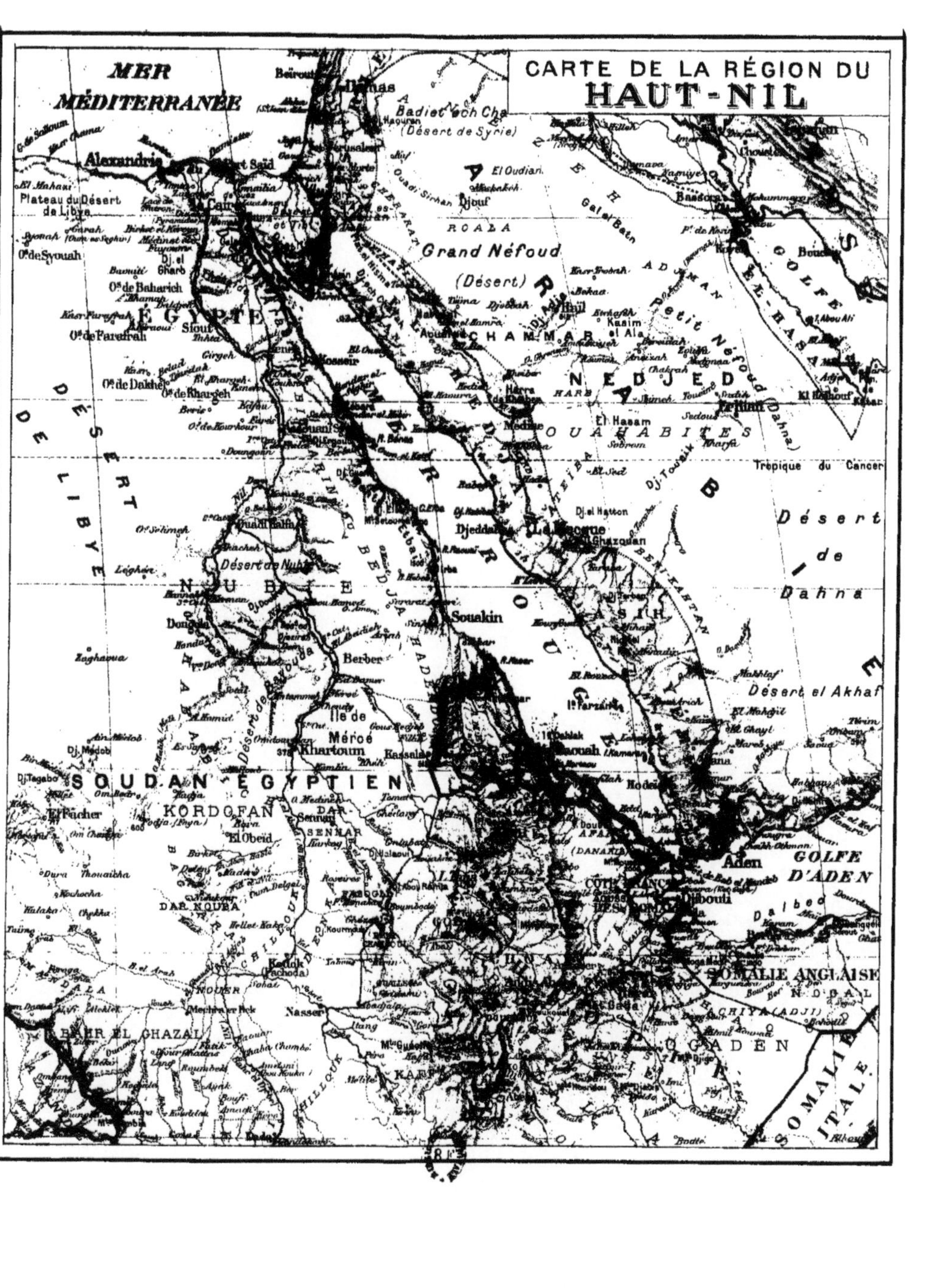

MER MÉDITERRANÉE
CARTE DE LA RÉGION DU
HAUT-NIL
Beyrouth
Damas
Badiet ech Cha
(Désert de Syrie)
Alexandrie
Port Saïd
El Oudian
Djouf
ROALA
Grand Néfoud
(Désert)
Plateau du Désert
de Libye
Le Caire
Kasim
el Ala
CHAMMAR
NEDJED
ÉGYPTE
Siout
OUAHABITES
El Hasam
Tropique du Cancer
Désert
de
Dahna
DÉSERT DE LIBYE
Désert de Nubie
NUBIE
Dongola
Djedda
La Mecque
Ghazouan
Souakin
Berber
Désert el Akhaf
Île de
Méroé
Khartoum
Kassala
SOUDAN ÉGYPTIEN
KORDOFAN
El Obeid
SENNAR
DAR NOUBA
Aden
GOLFE D'ADEN
Djibouti
CÔTE FRANÇAISE
SOMALIE ANGLAISE
BAHR EL GHAZAL
OGADEN
Nasser
SOMALIE ITALE.

www.ingramcontent.com/pod-product-compliance
Ingram Content Group UK Ltd.
Pitfield, Milton Keynes, MK11 3LW, UK
UKHW021216140726
13695UKWH00002B/568